DAS BUCH DER SCHATTEN

Gesammelt und niedergeschrieben
von Maja Sonderbergh

INHALT

Tu, was du willst, und schade keinem	6
An meine Schüler	7
Was macht eine moderne Hexe aus?	8
Magie ist ein kreativer Akt	8
Magie ist immer der letzte Ausweg	9
Zaubern – alleine oder in der Gruppe?	10
Tu, was du willst, schade keinem!	11
Die Gesetze der Hexen	12
Warum willst du eine Hexe werden?	13
Die 13 Regeln einer modernen Hexe	14
So bereitest du dich vor	18
Von innen nach außen	19
Du bist ein Teil vom Ganzen	19
Deine Kraft liegt in der Konzentration	20
Deine Hexenwerkzeuge	20
Das Athame	21
Badesalze	22
Weihrauchgefäß oder Räucherschale	22
Federn	22
Ein Schälchen mit Salz	22
Die Glocke	23
Der Hexenkessel	23
Der Kelch oder die Schale Wasser	23
Der Stab	23
Kerzen	24
Dein Altar	26
Den richtigen Zeitpunkt wählen	28
Der Tageszyklus	29
Die Wochentage	30
Die Jahreszeiten	32
Magie braucht Zeit	34
Magie bewirkt keine Wunder!	35
Deine magischen Rituale	36
Visualisiere deine Ziele	37
Der Mond	38
Deine Vorbereitung	39
Das reinigende Bad	39
Deine rituelle Kleidung	40

So weihst du deine Hexenwerkzeuge 41
Lade deine Hexenwerkzeuge mit positiver Energie auf 44
Das Energie-Ritual für Hexenwerkzeuge 45
Dein magischer Zirkel 45
So ziehst du einen magischen Zirkel 47
So löst du den magischen Zirkel 48
Der kleine magische Zirkel 50
Das Pentagramm 52
So zeichnest du Pentagramme in die Luft 55
So initiierst du dich selber 57
Führe Buch über deine Rituale 59
Kerzenmagie 61
Die Spiegelmagie 63
Die Entscheidungsmagie 65
Element Luft 66
Element Wasser 66
Element Erde 66
Element Feuer 67
Dein Talisman 68
Der Talisman-Zauber 69

Meine besten Anrufungen und Zaubersprüche 72
Der Glückszauber 74
Der Erfolgszauber 75
Der Abwehrzauber 77
Der Morgenmuffelzauber 79
Der Prüfungsangstzauber 80
Der Schlechte-Angewohnheiten-Zauber 82
Der Veränderungszauber 84
Der Liebeszauber 85
Ein zweiter Liebeszauber 88
Der Freundschaftszauber 90
Der Streit-in-der-Familie-Zauber 92
Der Spaß-Zauber 94

Meine wichtigsten Heilkräuter 98
Alles über Kräuter 99
Diese Kräuter und ihre Wirkung solltest du kennen 101
So bewahrst du deine Kräuter auf 106
So stellst du deine Kräuteröle her 107
So stellst du deinen eigenen Weihrauch her 108

TU WAS DU WILLST UND SCHADE KEINEM

An meine Schüler

Das Wissen in diesem Buch der Schatten habe ich über Jahrzehnte gesammelt. Vieles wurde mir von meiner Großmutter und Mutter vererbt. Anderes entstammt meinen eigenen Erfahrungen und dem, was ich während meiner Zeit als Hexe erlebt habe. Einiges habe ich in alten Werken gefunden, und so manches ist mir von anderen Hexen weitergegeben worden.

Meine Großmutter und meine Mutter waren schon Hexen. Dennoch bin ich nicht als Hexe geboren worden. Das wird niemand. Man trifft ganz bewusst die Entscheidung, sich mit den Eigenschaften, die uns zu Hexen machen, auseinander zu setzen und sie zu entwickeln: Kenntnis der Natur, Intuition, Beobachtungsgabe und eine Fähigkeit der Konzentration, die es uns ermöglicht, schlafende und versteckte Energien zu wecken und zu nutzen.

Ein Buch der Schatten hat jede Hexe. Sie schreibt dort ihre Zaubersprüche, Rituale, Beobachtungen, Träume - kurz ihr ganzes Wissen - nieder. Wenn die Zeit gekommen ist, reicht sie es an ihre Tochter oder ihre Schülerin weiter. Es ist ein sehr wertvolles Buch für jede Hexe.

Ich habe das meiner Familie über die Jahre weitergeführt. Jetzt möchte ich es an dich weitergeben. Betrachte es als eine Art Arbeitsbuch auf deinem Weg zur Hexe. Lass dich von mir leiten, profitiere von meinen Erfahrungen, aber finde deinen eigenen Weg, wie auch ich meinen gefunden habe. Es soll dir helfen, Zauberei und Hexentum besser zu verstehen und anzuwenden. Und es soll dir zeigen, wie du deine eigenen Rituale prägst und deine eigenen Zaubersprüche entwickelst.

Denn das ist für jede Hexe wichtig:

Finde deinen eigenen Weg, dich auszudrücken!

Tu, was du willst und schade keinem

WAS MACHT EINE MODERNE HEXE AUS?

Moderne Hexen leben nach festen Prinzipien und ihren moralischen Grundsätzen. Sie kennen die Regeln der Natur und versuchen, im Einklang mit ihnen zu leben. Die Natur und ihre Gesetze bilden die Grundlage für alles, was eine Hexe tut. Feste Rituale führen wir aus, um uns auf das Spiel der Kräfte in der Natur und ihrem Rhythmus, der vor allem durch Mondphasen und die vier Jahreszeiten beeinflusst wird, einzustimmen.

Wenn du zauberst, ist es immer dein Ziel, eine positive Kraft zu entwickeln – um zu heilen oder um ein Gegengewicht zur Negativität aufzubauen. Das ist „weiße Magie".

Oft rufen wir andere Kräfte an, die uns helfen sollen, unsere eigenen Energien zu verstärken und auf den richtigen Weg zu bringen. Wir sprechen vom „Geist", wenn wir eine besondere Kraft meinen, die wir bei einem Zauberspruch nutzen wollen. Wir rufen auch den Gott und die Göttin an, wenn wir die Sonnenenergie (Gott) oder Mondenergie (Göttin) zu Hilfe rufen. Dies hat nichts mit einer Religion zu tun; das Hexentum ist eine Lebenseinstellung, die sich durch besondere Nähe zur Natur auszeichnet. Geist, Sonne und Mond sind Energien der Natur, und du wirst in diesem Buch lernen, diese Kräfte bei deinen Zaubersprüchen zu nutzen.

Hexen gibt es eben schon seit Jahrhunderten und unsere Rituale und Zauber sind althergebracht. Manchmal ist das Vokabular sehr altmodisch, aber das hat seinen Sinn.

MAGIE IST EIN KREATIVER AKT

Kannst du dir vielleicht schon denken, wie wichtig dieser Satz für uns Hexen ist und damit auch für dich werden wird? Du wirst in diesem Buch lernen, eine starke positive Kraft zu entwickeln, sie in dir selber zu finden. Wenn du endlich diese Kraft umsetzen kannst, deinen Willen einzusetzen weißt und deine Umwelt beeinflusst, schaffst du Neues. In diesem „magischen" Moment bist du kreativ. Ich werde später noch einiges zu diesem Thema sagen, denn Kreativität ist tatsächlich ein zentraler Aspekt der Hexenkraft.

Wir alle haben magische Energien in uns. Die Natur gibt diese Energie an jedes lebende Wesen weiter; es ist die Kraft, die das Universum verbindet. Die meisten Menschen nutzen diese Energie nicht. Sie haben die Verbindung zu ihrer Intuition verloren. Wir müssen erst wieder lernen, uns auf diese verschütteten Energien zu konzentrieren.

Um deine magische Energie richtig zu nutzen, musst du das „Handwerk" der Hexen erlernen. Du lernst, magische Kräfte zu beherrschen. Deshalb führst du auch nicht von Geburt an magische Rituale aus oder braust Zaubertränke. Es handelt sich um deine eigene bewusste Entscheidung und einen lebenslangen Lernprozess.

Magie ist immer der letzte Ausweg

Über eins musst du dir im Klaren sein: Wende Magie nie leichtfertig an! Wenn du ein Problem hast, greife nie sofort zu deinen magischen Kräften. Versuche erst, deine nicht-magischen Mittel einzusetzen. Bist du z. B. verliebt und weißt nicht, wie du deinen Angebeteten auf dich aufmerksam machen und für dich gewinnen kannst, dann frage dich zuerst:
- Warum fällt es mir schwer, den Jungen anzusprechen?
- Warum bin ich nicht zufrieden mit mir?
- Was gefällt mir an ihm?
- Was gefällt mir an mir?
- Habe ich alle Tricks und Mittel ausprobiert, um mit ihm ins Gespräch zu kommen?

Schon durch eine ehrliche Selbstanalyse kommst du auf den Weg zu einer positiven Energie, die dir helfen wird, deine Wünsche und Träume wahr werden zu lassen.

Erst wenn das nicht hilft, dann besinne dich auf das, was ich dir in diesem Buch beigebracht habe.

ZAUBERN – ALLEINE ODER IN DER GRUPPE?

Du kannst alleine oder in der Gruppe zaubern. Eine Gruppe von Hexen, die zusammen arbeitet, nennen wir Konvent. Alleine bist du unabhängiger und kannst zaubern, wann und wo du willst. Du setzt dich intensiver mit dir und deinen Kräften auseinander. Andererseits fehlt dir die Unterstützung durch andere, die Hilfe bei Rückschlägen. In der Gruppe ist es oft auch leichter, sich über seine Ziele klar zu werden.

Vielleicht hast du ja ein paar Freundinnen, die du an dem teilhaben lassen willst, was ich dir durch dieses Buch weitergebe? Vielleicht habt ihr Lust, gemeinsam in die Kunst der Zauberei eingewiesen zu werden? Dann lest doch dieses Buch zusammen und macht eure Übungen gemeinsam. So könnt ihr euch austauschen und gegenseitig helfen – und bildet jetzt schon einen neuen Konvent!

Tu, was du willst, schade keinem!

Das ist unser Motto, der Grundsatz der weißen Magie. Bitte denke einmal einige Augenblicke darüber nach, was es bedeuten könnte. Oft willst du ganz fest gerade das, was einem anderen schadet – aus Rache, Wut oder Enttäuschung. Dies ist kein Grund, deine magischen Kräfte anzuwenden! Niemals darf ein lebendes Wesen durch deine Fähigkeiten zu Schaden kommen. Du darfst dich bei magischen Handlungen nie auf diese Energien konzentrieren. Denn – und nun kommen wir zu einem weiteren wichtigen Grundsatz – was wir aussenden, kommt in dreifacher Kraft zu uns zurück.

Übung:
Nimm dir Zeit und suche dir einen ruhigen Raum. Konzentriere dich. Wenn das, was du willst, Wirklichkeit wird, könnte es einem anderen schaden? Formuliere eine konkrete Situation in Form einer kleinen Geschichte. Nun denk nach: Wie kannst du so handeln, dass du dich und deinen Willen durchsetzt, aber gleichzeitig niemand zu Schaden kommt? Formuliere die Geschichte neu, aber jetzt mit der Lösung, die du gefunden hast.

Habe Respekt vor deinen eigenen Kräften. Du wirst sie jetzt erst richtig entdecken. Unser Motto: „Tu, was du willst, schade keinem", wird dich dabei leiten!

DIE GESETZE DER HEXEN

Zuallererst solltest du dich selbst nach deiner innersten Motivation fragen.

Warum willst du eine Hexe werden?

Sei ehrlich zu dir selbst. Versuche, in dich hinein zu sehen, dich selbst zu erkennen. Was sind deine Stärken? Wo liegen deine Schwächen? Es ist sehr wichtig, dass du dir über dich selbst im Klaren bist. Stark zu sein, seinen Willen zu verwirklichen, das setzt vor allem eine genaue Selbstkenntnis voraus.

Bist du bereit, im Einklang mit der Natur zu leben? Willst du dich stärker fühlen, deine Umwelt beeinflussen?

Eine Hexe zu sein, bedeutet mehr, als Zaubersprüche aufzusagen und Rituale durchzuspielen. Ohne die richtige Einstellung, ohne die gezielt eingesetzte Energie, werden alle Formeln leer und kraftlos bleiben.

Übung:
Suche dir eine ruhige Ecke. Nimm Papier und Bleistift und schreibe ehrlich alle Stärken und Schwächen auf, die dich und deine Persönlichkeit ausmachen.
Konzentriere dich. Schreibe nun in einem Satz, warum du eine Hexe werden willst.
Mit diesem Satz legst du deine innerste Motivation fest!

Die Gesetze der Hexen

DIE 13 REGELN EINER MODERNEN HEXE

Im Folgenden werde ich die Regeln auflisten, die eine moderne Hexe genau befolgen sollte. Lies sie dir aufmerksam durch und versuche dabei, jede dieser Regeln mit Inhalt zu füllen.

1. Erkenne dich selbst.
2. Beherrsche die Regeln deiner Hexenkunst.
3. Höre nie auf zu lernen.
4. Wende dein Wissen weise an.
5. Lebe im Gleichgewicht.
6. Wisse immer, was du sagst und warum du es sagst.
7. Sei mental konzentriert.
8. Lebe im Einklang mit der Natur.
9. Feiere das Leben.
10. Atme bewusst, ernähre dich gesund.
11. Trainiere deinen Körper.
12. Meditiere.
13. Ehre die Göttin und den Gott.

Weißt Du auf Anhieb bei jeder Regel, was sie für deinen Alltag als Hexe bedeutet? Gehen wir sie gemeinsam noch einmal durch:

Regel 1 ist die grundlegende Voraussetzung dafür, dass du deine Stärken und deine Schwächen kennst. Nur so kannst du deine Grenzen einschätzen. Menschen, die ihre Grenzen nicht kennen, sind gefährlich – diese Erfahrung habe ich mehr als einmal in meinem Leben als Hexe machen können. Du, die du dir zum Ziel gemacht hast, zu lernen, deinen Willen umzusetzen, deine Umwelt zu beeinflussen, musst wissen, wo deine Schwächen liegen. Die entfesselte Energie der Rituale und Zaubersprüche kann gefährlich werden, wird sie nicht oder zu schwach gelenkt. In jedem Fall aber ist sie wirkungslos.

Regel 2 fordert dich auf, eine gute Schülerin zu sein. Hexenkunst kann nur wirksam werden, wenn sie dir in ihrem ganzen Ausmaß bekannt ist und du dich immer wieder mit ihr auseinandersetzt.

Davon handelt auch **Regel 3**. Wissen – auch magisches Wissen – ist nichts Statisches. Du musst dich immer wieder darum bemühen. Leben heißt Lernen! Und nicht nur für Hexen. Aber keine Angst, wenn du einmal die Grundregeln begriffen hast, ist alles ganz leicht. Und dann heißt es: Eigene Zaubersprüche suchen und schreiben!

Regel 4 will dir sagen, dass das rein technische Wissen ohne Nutzen ist. Man muss auch wissen, wann und in welchen Zusammenhängen man es anwenden kann. Weisheit hat nicht nur mit Intelligenz zu tun, das Gefühl für das Richtige muss hinzukommen. Bei einer guten Hexe paart sich Wissen mit Weisheit.

Regel 5 ist in unserer heutigen Gesellschaft immer schwerer einzuhalten. Sie sagt dir, du sollst dich nicht in Extremen verfangen und dein Leben auf eine ausgewogene Basis stellen.
Was ist eine ausgewogene Basis? Eine Balance zwischen Intellekt, Gefühl und Körperlichkeit. Du sollst dich nicht nur auf Schule und Studium konzentrieren, sondern dich gleichzeitig mit deinen Freunden auseinandersetzen und Sport treiben. Nur in dieser Balance kann deine Mentalität als Hexe gesund bleiben. Die Nähe zur Natur wird dir helfen, in dieser Balance zu bleiben, denn sie ist von einem natürlichen Gleichgewicht geprägt.

Regel 6: Unterschätze nie die Kraft des Wortes! Eine Hexe darf diesen Fehler niemals begehen. Wenn du dir vor Augen hältst, dass ein großer Teil unserer Kraft in den Worten liegt – in Zaubersprüchen und in der Begleitung der Rituale – wirst du verstehen, dass eine Hexe nie unbedacht plaudern sollte. Das Wort hat eine besondere Kraft, es kann befreien, anstoßen und verändern, aber auch verletzen und zerstören.

Regel 7: Im Mentalen liegt die große Stärke einer Hexe. Hier gibt sie ihrer Energie den Anstoß und lenkt ihre Kraft. Trainiere diese Stärke durch Konzentration.

Die Gesetze der Hexen

Regel 8 geht auf die Nähe der Hexe zur Natur ein. Rituale und weiße Magie werden vom Rhythmus der Natur bestimmt und geprägt, von Mondphasen und den vier Jahreszeiten. Modernes Hexentum definiert sich über diese Nähe. Hier wirst du dein Zentrum finden! Schaue immer wieder auf die Natur – dann wirst du ihre Kraft zu nutzen wissen.

Regel 9 legt dir nahe, das Leben als solches zu feiern. Du sollst nicht zerstören und schaden, sondern schaffen und fördern. Das menschliche Wesen ist dazu bestimmt, ein Leben in Freude und Liebe zu führen, nicht in Ärger und Hass.

Regel 10 sagt dir, du sollst auf deinen Körper und deine Gesundheit achten. Dies ist eine zentrale Regel. Dein Körper ist ein Heiligtum! Er ist Teil der Natur. Deine mentale Kraft ist eng mit deinem Körper verbunden. Es gibt keine Teilung. Nur wenn dein Körper gesund ist, wird auch dein Geist gesund sein.

Und **Regel 11** ergänzt, dass neben Ernährung und Atmung auch Training notwendig ist, um den Körper gesund zu halten.

Regel 12 fordert von dir zu meditieren. Durch Meditation bündelst du deine mentale Energie. Nur durch diese Bündelung kannst du deine Kraft gezielt einsetzen. Meditation ist nicht einfach, du wirst sie mit Ausdauer lernen müssen. Ich werde dir später hierzu noch einige Anregungen und Anweisungen geben.

Regel 13 besagt dir, die Göttin und den Gott zu ehren, d.h. die Kräfte, die das moderne Hexentum zusammenhalten. Hiermit akzeptierst du unsere besonderen Regeln und lässt dich auf unsere Philosophie ein.

Ich hoffe, ich habe dir unsere Regeln nahe bringen können. Viele gelten auch für Nicht-Hexen und sind einfach die Grundlage für ein gesundes und harmonisches Leben. Es ist vor allem ihr Zusammenspiel, das die besondere Power einer Hexe ausmacht.

Übung:
Schreibe diese Regeln auf ein Blatt Papier. Trage dieses Blatt den ganzen Tag nahe am Herzen. Nimm es dir am Abend vor und gehe in dich: Hast du die Regeln eingehalten? Wenn nicht, warum nicht? Was hat dich daran gehindert? Was kannst du tun, um dieses Hindernis aus dem Weg zu schaffen?
Führe Tagebuch über diesen Prozess. Am Ende jeden Monats sollst du mit Hilfe dieses Buches Bilanz ziehen: Hast du dein Leben ändern können? Sei ehrlich zu dir selbst!

So BEREITEST DU DICH VOR

Magie fängt bei dir selbst an. Erst wenn du deine eigenen Kräfte zu nutzen weißt, wirst du die Energien um dich herum anstoßen und in Bewegung setzen. Wenn du dich und deine Stärken und Schwächen zu kennen beginnst und damit zu leben verstehst, wirst du dich anderen Leuten und Erfahrungen öffnen können und sie besser verstehen und kennen lernen. Magie ist Wissen.

Eine Hexe muss offen sein. Du musst dich für andere und ihre Beweggründe interessieren. So lernst du viel über die menschliche Seele. Ein Problem mit einem Freund kannst du nicht dadurch lösen, dass du dich nur auf deine eigenen Gefühle konzentrierst. So drehst du dich im Kreis! Erst wenn du zu verstehen versuchst, was in deinem Freund vorgeht, wie er dich und eure Situation vielleicht sieht, gehst du einen Schritt hin zu einer wirklichen Lösung.

Von innen nach außen

Je mehr du dir diese Sichtweise aneignest, umso mehr wirst du die Zusammenhänge um dich herum verstehen und umso effektiver wirst du deine innere Energie einsetzen können. Der Weg ist in dir!

Du bist ein Teil vom Ganzen

Erinnerst du dich, dass ich dir gesagt habe, du sollst im Einklang mit der Natur leben? Warum ist dieser Punkt so wichtig? Weil du dich als Teil eines großen Ganzen sehen musst, wenn du tatsächlich eine Hexe werden willst. Alle Dinge im Universum sind miteinander verbunden. Alles wirkt auf dich ein, und du wirkst auf alles ein. Das macht deine kreative Energie. Du kennst sicher das Bild vom Stein, der ins Wasser fällt. Der Stein trifft nur an einem bestimmten Punkt auf die Wasserfläche, aber er setzt eine Bewegung in Gang, er zieht Kreise und gibt seine Energie an das ihn umgebende Wasser weiter. Wer weiß, vielleicht ist gerade dieser Stein, den ein anderer ins Wasser warf, Ursache der Welle, die du an einem anderen Ort am Ufer beobachtest.

So musst du deine Hexenkraft sehen. Wenn du durch eine magische Handlung ein Ereignis in Gang setzt, hat das Konsequenzen. Darüber musst du dir im Klaren sein. Deswegen liegt mir viel daran, dass du dir deiner besonderen Kraft und der Verantwortung dafür voll bewusst bist. Du musst sie gewissenhaft anwenden, sonst schadest du jemandem – und verstößt damit gegen unsere oberste Regel –, ohne es zu vorausgesehen zu haben!

So bereitest du dich vor

DEINE KRAFT LIEGT IN DER KONZENTRATION

Bevor Du einen magischen Akt ausübst, musst dir eines ganz klar sein: Was willst du erreichen? Du musst dich selbst kritisch befragen:

- Wohin willst du?
- Was möchtest du durch diesen magischen Akt ändern?
- Hast du alle nicht-magischen Mittel, die dir zur Verfügung stehen, ausprobiert?
- Bist du dir sicher, dass du keinem anderen schadest?

Ohne diese klare Vorstellung darüber, was die Konsequenz deines magischen Aktes sein soll, wäre der nächste Punkt wirkungslos: Konzentration. Durch intensive Konzentration auf deine innersten Gefühle und dein persönliches Ziel, bündelst und lenkst du die Kraft, die in dir liegt.

DEINE HEXENWERKZEUGE

Kommen wir endlich zum praktischen Teil der Hexerei. Du bist vielleicht schon ungeduldig und findest die mentale Vorbereitung, das Sich-selber-befragen, das In-sich-gehen ganz überflüssig? Dann bist du noch nicht reif für die folgenden Kapitel. Dann hast du nicht verstanden, worum es mir geht. Werkzeuge, Zaubersprüche und Rituale sind Träger unserer Energie. Sie bilden den Rahmen, in dem sich unsere Kraft entfalten kann. Kein Ding hat an und für sich magische Kräfte. Erst du und deine Energie geben diese magische Kraft an die Gegenstände weiter. Wenn du diese besondere Kraft nicht in dir selber findest, wird jeder Stab, jede Glocke, jeder Kelch, jeder Spruch oder auch Kreis tot und kraftlos bleiben. Im Grunde genommen brauchst du diese Gegenstände gar nicht, dein eigener Zeigefinger würde dir genügen, die Energie zu leiten!

Übung:
Suche dir eine ruhige Ecke. Konzentriere dich auf einen Gedanken, der dir wichtig ist. Spüre die Energie in deinem Inneren. Strecke die rechte Hand und den rechten Zeigefinger aus. Verfolge mit deiner Konzentration den Weg der Energie aus deinem Inneren, in deine Schulter, in deine Hand, in deinen Zeigefinger. Versuche, diese Spannung einige Zeit zu halten.

Miss der Bedeutung deiner Werkzeuge daher nicht zuviel Bedeutung bei. Du kannst auch mit ganz einfachen Dingen beginnen. Du kannst ein Pentagramm ebenso gut einfach auf Papier aufzeichnen und es für deine Rituale benutzen. Du benötigst keines aus Metall. Wenn du kein Athame besitzt, kannst du die Energie ebenso gut mit dem Finger schneiden. Vieles hat eben „nur" symbolischen Charakter, aber gerade darin liegt seine Bedeutung für unsere Hexenkunst.

Ich werde dir hier zuerst einmal die wichtigsten Werkzeuge und Utensilien vorstellen, mit denen ich gearbeitet habe. Du solltest dieser Liste im Laufe deines Hexenlebens deine eigenen hinzufügen. Wichtig ist mir, dass du diese Erfahrungen und dieses Wissen wieder an eine Schülerin weitergibst. Nur so kann sich unsere Kunst weiterentwickeln.

Das Athame

ist ein Ritualmesser mit zweischneidiger Klinge und schwarzem Griff. Für manche Hexen repräsentiert es in Ritualen das männliche Element. Für andere das Element Luft. In jedem Fall ist es ein Symbol für die Lebenskraft. In Ritualen dient es dazu, Energie zu schneiden und zu lenken. Wir ziehen damit magische Kreise und versuchen, negative Energien abzuwenden. Du siehst, das Athame ist ein zentrales Werkzeug in Ritualen, das du oft benutzen wirst.

Das Athame mit weißem Griff benutzen wir zum Schneiden von Kräutern oder zum Schnitzen von Symbolen auf Kerzen oder auch zum Schneiden deines Zauberstabes.

So bereitest du dich vor

Badesalze

werden beim rituellen Bad benutzt, das du nimmst, um dich vor Ritualen oder Zaubersprüchen zu reinigen. Auch aromatische Öle können zu diesem Zweck genutzt werden, manchmal auch in Verbindung mit dem Badesalz.

Weihrauchgefäß oder Räucherschale

Weihrauch verbrennen wir bei der Durchführung unserer Rituale als Opfergabe an den Gott und die Göttin oder um einfach eine richtige Atmosphäre zu schaffen. Weihrauchgefäße haben oft Füße, zum Schutz deines Altars gegen die Hitze, die beim Verbrennen entsteht. Manchmal findest du sie auch mit kleinen Kettchen, an denen du das Gefäß ein wenig schwenken kannst, um den Rauch besser zu verteilen. In Kräuterschalen lassen wir getrocknete Kräuter, nachdem wir sie angezündet haben, langsam verkohlen, damit sie ihren typischen Rauch verströmen und damit unsere Rituale unterstützen.

Federn

repräsentieren in Ritualen das Element Luft.

Ein Schälchen mit Salz

ist das Symbol für das Element Erde. Mit dem Badesalz reinigen wir uns, das Salz im Schälchen repräsentiert diese Reinigung noch einmal.

Die Glocke

Mit der geweihten Glocke läuten wir den Anfang und das Ende eines Rituals oder Sabbats ein. Sie ist aus Messing oder Kristall. Manchmal rufen wir mit ihr auch einen Geist oder eine Gottheit.

Der Hexenkessel

Ja, den gibt es wirklich und nicht nur im Märchen. In deinem Hexenkessel verbrennst du Räucherwerk, Kräuter oder braust deine Zaubertränke. Du kannst auch Dinge wie Kräuter oder andere magische Werkzeuge darin aufbewahren. Er ist ein zentrales Arbeitsinstrument und wird von allen Hexen zu ganz eigenen Zwecken eingesetzt. Probier es einfach aus.

Der Kelch oder die Schale Wasser

Der Kelch verkörpert das Element Wasser. Während unserer Rituale wird er als Behälter für geweihtes Wasser verwendet. Du kannst ruhig einen Kelch aus Messing oder Zinn nehmen, er muss nicht wie der heilige Kelch aus Kristall sein. Auch ein einfaches Schälchen Wasser reicht aus. Denk daran, wichtig ist die Energie, mit der du deine Rituale ausübst, nicht die Werkzeuge an sich!

Der Stab

Und auch den Zauberstab gibt es! Mit dem Stab ziehen wir magische Kreise, malen magische Symbole auf den Boden und lenken, wie mit dem Athame, Energie. Wir rufen damit auch Feuergeister, so genannte Salamander, denn der Stab repräsentiert für uns das Element Feuer. Es ist ganz wichtig, dass du darauf achtest, aus welchem Holz dein Stab geschnitzt ist, denn die verschiedenen Hölzer haben verschiedene magische Eigenschaften.

So bereitest du dich vor

Esche	eignet sich für Heilungsrituale und auch für alle anderen Zauber der weißen Magie.
Akazie und Haselnuss	nehmen wir für alle Arten weißer Magie.
Holunder	kannst du bei Weihungen verwenden.
Eiche	ist besonders geeignet für alle Arten von magischen Ritualen, die die Verbindung zur Sonne suchen.
Weide und Eberesche	wiederum stehen in Verbindung mit dem Mond. Deshalb kannst du sie bei Mondzaubern verwenden. Erinnerst du dich, dass ich dir gesagt habe, die Göttin repräsentiert den Mond? Diese beiden Hölzer nehmen wir daher zur Anrufung der Göttin.

Kerzen

Kerzen sind sehr wichtige Bestandteile unseres Kultes. Sie sind das Symbol für das Element Feuer. Sie repräsentieren das Licht, die Wärme und stehen für Hoffnung.
Feuer ist ein mächtiges Element, dem wir mit großem Respekt begegnen und mit dem wir vorsichtig umgehen. Bitte achte immer darauf, dass du Feuer zu keiner Zeit unterschätzt!

Kerzen bekommen mehr Kraft, wenn du sie selber herstellst und sie mit eigenen Gravuren versiehst. Versuch es doch einfach einmal! Natürlich kannst du auch Kerzen aus dem Supermarkt oder einem Fachgeschäft verwenden, denn für Rituale, Zauber und Sprüche ist vor allem die Farbe wichtig.

Die Bedeutung der Kerzenfarben

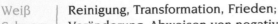

Weiß	Reinigung, Transformation, Frieden;
Schwarz	Veränderung, Abweisen von negativen Kräften;
Rot	Kraft, Feuer, Lebenskraft, Sexualität, Energie, Aggression, Sonnensymbol;
Silber	Frieden, mentale Energie, Weiblichkeit, Klarsicht, Mondsymbol;
Gold	Stärke, Reichtum, Männlichkeit, Sonnensysmbol;
Pink	Liebe, Familie, Freundschaft;
Grün	Heilung, Gesundheit, Fruchtbarkeit, Glück, Harmonie;
Gelb	Gleichgewicht, Selbstvertrauen, Freundschaft, Kreativität, Kommunikation, Luftsymbol;
Lila	Urteilskraft, Weisheit, Geheimnis, die Fähigkeit zu lernen;
Braun	Natur, Harmonie, Heimat, ein Erdsysmbol;
Natur	Gleichgewicht, Neutralität, Harmonie.

Je nach Ritual und Zauberspruch solltest du die Farbe deiner Kerzen auswählen. Du kannst dabei mehrere Farben kombinieren, denn oft ist der Wunsch oder das Ziel eines Rituals so komplex, dass du mit einer Farbe nicht auskommst. Und du greifst ja gerade zur Zauberei, weil nichts so einfach ist, wie es scheint.

Auch der Monat kann für die Farbe der Kerze von Ausschlag sein, denn für manche Zauber benötigst du eine Kerze in deiner Sternzeichenfarbe, die sich nach dem Tag deiner Geburt richtet. Einige Liebeszauber wirken vor allem mit der Sternzeichenkerze der Person, auf die der Zauber wirken soll.

Januar	Rot	oder Orange
Februar	Gelb	Rosa
März	Blau	Grün
April	Grau	Blau
Mai	Grün	Rot
Juni	Rot	Blau
Juli	Grün	Rosa
August	Rosa	Orange
September	Braun	Grau
Oktober	Rosa	Gold
November	Gelb	Grün
Dezember	Rot	Gold

So bereitest du dich vor

DEIN ALTAR

Dein Altar ist ein Ort, an dem du dich konzentrierst, meditierst und deine magischen Akte vollziehst. Er sollte nur hierzu benutzt werden. Dein Arbeitstisch oder der Küchentisch können nicht zum Altar umfunktioniert werden. Dein Altar gehört nur dir und darf nicht von fremden Energien beherrscht werden. Du musst dir deinen eigenen Altar aufbauen. Dies wird der zentrale Ort in deinem Leben als Hexe. Hier kannst du auch deine Werkzeuge, wie geweihtes Wasser, Weihrauch, Kerzen und Salz, aufbewahren. Und natürlich **Das Buch der Schatten**! Der Altar hilft dir, dich auf deine innere Kraft zu konzentrieren.

Es gibt keine Vorschriften, wie dieser Altar auszusehen hat. Es ist ein sehr persönlicher Ort. Du gestaltest ihn so, wie du möchtest. Er muss auch nicht ständig aufgebaut bleiben. Manchmal wirst du ja auch nicht wollen, dass alle, die dich besuchen, direkt auf deine Arbeit als Hexe aufmerksam werden. Es kann auch durchaus ein Karton sein, in dem du alle notwendigen und dir wichtigen Dinge aufbewahrst und den man schnell hervorziehen kann. Dein Altar kann alles sein: ein alter Baumstumpf draußen im Garten, ein Stein, den dir ein Freund oder eine Freundin geschenkt hat, oder ein einfaches Regalbrett. Lass deine Fantasie spielen!

Es gibt aber auch ganz praktische Überlegungen, die du anstellen solltest. Zuerst einmal muss es ein ungestörter Ort sein. Du sollst dich konzentrieren können, ohne jeden Augenblick von jemandem überrascht zu werden. In vielen unserer Zauber und Rituale werden Kerzen angezündet und Räucherwerk abgebrannt. Ein windiger, zugiger Platz wäre also unpraktisch, ja sogar gefährlich. In deinem Garten wirst du vielleicht einen ruhigen Ort finden, der deinen mystischen Ansprüchen genügt und von dem deine Familie und Freunde nichts wissen. Im Herbst kann der gleiche Ort aber sehr gefährlich werden, wenn du deine Handlung inmitten von trockenen Blättern vollziehst.

Auch sollte der Untergrund, auf dem dein Altar steht, nicht uneben sein oder dein Altar selber nicht unsicher stehen oder wackelig sein. Brennende Kerzen und heißes Öl müssen sicher stehen.

Übung:
Suche dir deine wichtigsten Werkzeuge zusammen und überlege dir geeignete Plätze für deinen Altar. Teste sie an verschiedenen Zeiten am Tag. Bist du ungestört? Kannst du mit all deinen Werkzeugen arbeiten, ohne aus Sicherheitsgründen ein Ritual nicht vollziehen zu können? Bist du zeitlich nicht unter Druck? Kannst du dich konzentrieren?
Erst wenn du auf all diese Fragen mit Ja antworten kannst, hast du den richtigen Platz gefunden.

Manchmal ist einfach nur der richtige Zeitpunkt wichtig, um ungestört zu sein. Plane im Voraus! Besorge alle nötigen Werkzeuge, alle Materialien und sei mental bereit, bevor du dich an deinen Altar begibst. Am Anfang wird dir die Konzentration schwer fallen. Die Gedanken schweifen ab, die Füße werden kribbelig und die Zeit, die du dir für deine Handlungen genommen hast, beginnt sich zu ziehen. Gib nicht auf! Mentale Konzentration braucht Übung. Auch ich habe einige Zeit gebraucht, bevor ich zum ersten Mal einen Zauber so ausführen konnte, dass ich eine Verbindung zwischen mir und der Energie um mich gespürt habe.

So bereitest du dich vor

DEN RICHTIGEN ZEITPUNKT WÄHLEN

Für jede Handlung gibt es den richtigen Zeitpunkt. Das gilt nicht nur für die Magie, sondern für alle Entscheidungen und Taten in deinem Leben. Überstürzte Entscheidungen können genauso viel Unglück bringen wie verspätete Taten. Wer nicht erkennt, wann es besser ist zu handeln, als abwartend herumzusitzen, der riskiert, viel im Leben einfach zu verpassen!

Grundsätzlich kann Magie an jedem Ort und zu jedem Zeitpunkt ausgeübt werden. Aber jeder Zauber hat einen Zeitpunkt, zu dem er seine Kraft voll entfaltet. Wenn du deinen Zauber an der Tageszeit, dem Lauf der Sterne und den Jahreszeiten ausrichtest, kann er stärker werden.

Deshalb ist Planung für uns wichtig. Stell dir vor, etwas Wichtiges wird in deinem Leben passieren. Du kannst es voraussehen und weißt genau, welches Problem daraus für dich entstehen wird. Du hast alle nicht-magischen Mittel ausgeschöpft und willst deine magischen Kräfte zu Hilfe nehmen. In deiner Planung musst du den richtigen Zeitpunkt berücksichtigen!

Übung:
Wenn du einen Zauber durchführst, führe genau Tagebuch: Welchen Zauber hast du angewandt? Welche Werkzeuge hast du eingesetzt? An welchem Wochentag? Um welche Uhrzeit? Wie war deine Konzentration?
Weiterhin notiere all deine Beobachtungen. Hefte diese Notizen ab und schau sie dir in regelmäßigen Abständen an. Du wirst viel daraus lernen können und sehen, wie sehr du dich veränderst!

Der Tageszyklus

Jede Tageszeit hat ihre eigene Energie. Selbstverständlich kannst du immer und zu jeder Zeit deine Magie anwenden. Wenn es dringend ist und du ausreichend konzentriert bist, wirkt ein Morgenzauber auch in der Nacht. Doch der richtige Zeitpunkt kann die Wirksamkeit erheblich verstärken.

Morgen

Der Tag beginnt. Die Sonne geht auf. Dein Energielevel ist hoch. Versuche, diese Energie zu leiten und sie zu nutzen, um etwas Neues zu beginnen. Der Morgen ist der ideale Zeitpunkt für Zaubersprüche, die dich von schlechten Angewohnheiten befreien sollen. Wenn du eine Diät beginnen willst, endlich mit dem Nägelkauen aufhören möchtest, ständig zu spät zu deinen Verabredungen kommst – der entsprechende Zauberspruch jeden Morgen sollte dir helfen, die guten Absichten umzusetzen.

Negative Energie kannst du morgens besonders gut bekämpfen. Wenn du dich mit einem Freund gestritten hast, solltest du dich jetzt darauf konzentrieren, diesen Streit aus der Welt zu schaffen.

Auch alles, was mit Schule, Studium oder Arbeit zu tun hat, wird am besten morgens in Angriff genommen. Willst du Dinge ändern, deine Einstellung zu Schule und Studium zum Beispiel, setze den Zauber vorzugsweise morgens ein.

Mittag

Die Sonne steht am höchsten, ihre Energie kann dir jetzt helfen, Schwäche in Stärke umzuwandeln. Wenn du dich schwach und unentschlossen fühlst, unsicher, welche Entscheidung du treffen sollst, dann rufe den Zauber an, der dir Führung und Kraft verspricht. Mittags solltest du danach streben, dein inneres Gleichgewicht zu finden. Wenn du ein Problem noch einmal überdenken musst, eine Sache noch einmal ganz von vorne beginnen musst, dann ist 12 Uhr der richtige Zeitpunkt.

So bereitest du dich vor

Nachmittag

Das Sonnenlicht wird schwächer, im Winter ist es oft schon dunkel. Auch dein Energiepegel ist niedrig. Rituale und Zauber, die dir innere Ruhe und Entspannung bringen, sind ideal für den Nachmittag. Dies ist der rechte Zeitpunkt für alle Zauber, die deine Willenskraft unterstützen, denn die wird zu diesem Zeitpunkt besonders schwach sein. Gute Vorsätze werden gerade dann nicht eingehalten, wenn wir uns müde und ausgelaugt fühlen.

Nacht

Nach Sonnenuntergang fühlen wir die ganz besondere Energie des Mondes. Dies ist der ideale Zeitpunkt, um dich auf dich selber und deine mentalen Energien zu konzentrieren. Du kannst die Erlebnisse des Tages Revue passieren lassen und versuchen, die inneren Beweggründe deiner Freunde und deiner Familie zu verstehen. Denn das ist eine zentrale Tätigkeit einer Hexe. Nur aus diesem Verständnis heraus kann sie lernen und sich verbessern. Die Nacht soll dir Klarheit über dich und deine Umgebung bringen. Versuche jetzt, negative Energien zu bannen. Dann wirst du am nächsten Morgen einen neuen Zyklus mit neu gewonnener Kraft beginnen können.

Die Wochentage

Auch die Woche hat ihren eigenen Energiezyklus. Die Tage haben „Paten", je nach ihrer Verbindung zur Konstellation der Sterne.

Sonntag – Sonne

Die Energie der Sonne ist männlich. Der Sonntag ist also der beste Tag, um Probleme mit deinem Vater oder anderen Personen, die für dich eine Autorität sind, in Angriff zu nehmen. Magie um die folgenden Themen herum sollte am Sonntag durchgeführt werden: Gesundheit, Kraft, Energie, Geld. Wenn du dich krank und lustlos fühlst, wenn du eine leichte Erkältung hast, dann ist der Sonntag der Tag, an dem die entsprechenden Zauber am besten wirken.

Montag – Mond

Die Kraft des Mondes ist weiblich. Themen wie Mutter, Fruchtbarkeit und Wachstum sind jetzt aktuell. Fruchtbarkeit und Wachstum kannst du durchaus auch in einem übertragenen Sinne verstehen. Wenn du ein Projekt in Angriff nimmst und du willst, dass es sich entwickelt und an Bedeutung gewinnt, dann ist dieses Vorhaben „fruchtbar". Wenn du dich verliebst und du merkst, dass über die erste Verliebtheit hinaus du auch in schlechteren Zeiten zu ihm stehst, dann „wächst" diese Liebe. Viele der Themen unserer Magie sind in einem weiten Sinne zu sehen und zu interpretieren. Montags solltest du dich darüber hinaus besonders auf dein mentales Gleichgewicht konzentrieren.

Dienstag – Mars

Mars repräsentiert die männliche Energie. Das heißt Mut und Erfolg. Der Dienstag ist ein guter Tag, um sich an Probleme zu wagen, die aus Gewalt resultieren. Gleichzeitig ist die Lösung sämtlicher Arten von Konflikten an diesem Tag besser anzustoßen. Wenn du beim Sport einen Konkurrenten ausstechen möchtest, suche am Morgen deinen Altar auf und konzentriere dich auf diese Energien in dir. Denn der Dienstag ist auch der Tag des Wettbewerbs!

Mittwoch – Merkur

Ein guter Tag, um an deiner Kommunikationsfähigkeit zu arbeiten, denn es ist der Tag des Nachdenkens, der Weisheit. Liegt dir schon lange etwas auf der Seele und du weißt nicht, wie du dich ausdrücken sollst, wie du dein Anliegen für den, den du erreichen möchtest, in Worte packen sollst, dann ist dies der Tag, um den richtigen Weg zu finden. Die große Energie des Merkur wird dir auch helfen, mit schlechten Angewohnheiten ein für alle Mal aufzuräumen. Also, denke bei dem entsprechenden Zauber daran, ihn am Mittwoch durchzuführen!

So bereitest du dich vor

Donnerstag – Jupiter

Auch ein Tag der männlichen Energie, die an diesem Tag vor
allem auf Geschäfte, Erfolg und Gesundheit ausgerichtet ist. Ein
Tipp von mir, die ich den Prüfungssituationen schon längst ent-
wachsen bin: Beschwöre kurz vor einer Prüfung deinen Willen zum
Erfolg, deine Fähigkeit zur Konzentration – die du ja nach einigen
Übungen als Hexe ohnehin verbessert hast –, und die Prüfung, vor
der du so viel Angst hattest, wird dir leichter von der Hand gehen!

Freitag – Venus

Venus ist selbstverständlich mit der weiblichen Energie verbunden.
Deshalb ist der Freitag der Tag der Liebe und der Romantik.
Liebe wird aber auch hier wieder nicht nur im romantischen Sinne
gesehen, denn Liebe bedeutet auch: Schutz, Geborgenheit, Treue
und Vertrauen. Dies sind die Dinge, die zum Wichtigsten in unserem Leben zählen. Deshalb ist dies der Tag, an dem du dich auf
alles konzentrieren kannst, das mit deinen innersten Gefühlen zu
tun hat.

Samstag – Saturn

Die Energie des Saturn ist weiblich. Der Samstag ist der Tag der
Intuition. Eine der wichtigsten Fähigkeiten einer Hexe! Dies ist
die Zeit, in der wir schweren Dingen besser begegnen können,
z.B. Krankheit, Tod und Problemen des Alters. Denn gerade bei
diesen Problemen reicht es nicht, wenn du ihnen mit Intellekt be-
gegnest, hier brauchst du besonders viel Feingefühl und Einfüh-
lungsvermögen.

Die Jahreszeiten

Auch die Jahreszeiten sind eine mächtige Energie, die für unsere
magischen Handlungen sehr wichtig ist. Du merkst das auch, ohne
dass du an deiner Hexenkraft arbeitest: Der Frühling bringt neue
Energien, der Sommer stärkt diese, der Herbst bereitet auf die
kalte Periode vor und lagert Energie, denn im Winter müssen wir
von dieser Energie zehren. Doch insbesondere in der kalten Jahreszeit konzentrieren wir uns auf uns, meditieren und finden gerade

in dieser Kontemplation eine neue Basis, um die frischen Energien des Frühlings erneut zu nutzen.

Frühling

Die Zeit der neu geborenen Kraft. Im Frühling gehen wir neue Projekte an, starten neue Unternehmungen, fassen gute Vorsätze. Diese frischen Energien können eine neue Liebe zu dir bringen. Diese solltest du dann im Sommer mit seinem stärkenden Einfluss festigen!

Übung:
Wenn du die Möglichkeit hast, einige Kräuter, die du für deine Rezepturen benötigst, selber zu ziehen, dann beginne im Frühjahr damit. Denn dies ist die Zeit des Pflanzens und des Wachstums. Bevor du die Samen der Erde übergibst, solltest du ihnen deine Energie weitergeben. Du solltest hierzu diejenigen deiner Werkzeuge nehmen, die die Erde symbolisieren, z.B. Salz, und dich ganz auf den Transfer deiner kreativen Energien auf die Samen konzentrieren. Sie werden dann mit besonders starker Kraft wachsen. Deine Energie wird dadurch die Rituale, in denen du diese Kräuter verwendest, beeinflussen.

Sommer

Die Energien des Sommers sind stark und beständig. Sie helfen, laufende Unternehmungen zu stärken und Unbeständiges zu festigen. Du solltest daran arbeiten, diese sommerlichen Kräfte im Herbst festzuhalten, denn es sind sehr wertvolle Energien.

Herbst

Tiere lagern im Herbst die Nahrung für den Winter. Auch wir müssen die Energie des Sommers für den Winter bewahren. Magische Handlungen, die mit Besitz, Geld, Schule oder Job und Beständigkeit zu tun haben, sind besonders wirkungsvoll im Herbst. Der Herbst ist auch eine gute Zeit, um sich besonders auf Familie und Freunde zu konzentrieren – auch wenn dir diese Themen auch in anderen Jahreszeiten am Herzen liegen. Noch nicht abgeschlossene Projekte können im Herbst mit besonderer Energie zu einem guten Ende gebracht werden.

So bereitest du dich vor

Winter

Der Winter ist die Zeit der Meditation. In dieser Jahreszeit solltest du dich auf dich selbst besinnen und dich verstärkt nach deinen Stärken und Schwächen befragen. Dies ist die Zeit der Heilungsrituale, denn du solltest dich im Winter verstärkt um die Lebewesen kümmern, denen es schlechter geht als dir. Schau dich um, interessiere dich für deine Mitmenschen. Dies gilt auch für Tiere, denen es gerade in unserer zivilisierten Welt schwer fällt, durch die kalte Jahreszeit zu kommen.

Nun verstehst du, was ich meine, wenn ich sage, dass die Nähe zur Natur für eine Hexe sehr wichtig ist. Wir leben in ihrem Rhythmus und verstehen es, ihre Stärke für uns zu nutzen. Dazu musst du lernen, die Natur zu respektieren und ihre Kraft nicht zu unterschätzen!

MAGIE BRAUCHT ZEIT

Das magische „Timing", die Kunst, den richtigen Zeitpunkt zu finden, setzt ein gutes Verständnis eines unserer Grundkonzepte voraus: Im Einklang mit der Natur leben. Du musst die unterschiedlichen Energien zu den verschiedenen Zeiten spüren können, um nachzuvollziehen, wie man diese Kräfte für sich nutzen kann. Der Morgen und der Frühling sind die Zeit des Neuanfangs, ihre natürlichen Energien nutzen wir daher für den Beginn neuer Projekte.

Übung:
Nimm dir in der kommenden Woche vor, dich auf die verschiedenen Energien des Tages und der Wochentage zu konzentrieren. Reserviere dir jeden Tag ein paar Minuten, um darüber nachzudenken, wie du diese Energien am besten nutzen kannst.

Veränderungen, die wir durch unsere magischen Handlungen anstoßen, brauchen Zeit. Von einem Ritual, das du heute vollziehst, darfst du dir keine Resultate erhoffen, die gleich am nächsten Tag sichtbar sind. Beschwörst du mit einem Zauberspruch deine eigene Durchhaltefähigkeit, um z. B. sinnvoll für eine Prüfung zu lernen, wäre es dumm, dies am Tage vor der Prüfung zu tun.

MAGIE BEWIRKT KEINE WUNDER!

Magie arbeitet mit Energien und kann nicht aus nichts alles machen. Sie leitet und beeinflusst schon existierende Energien, die du mit deinem Willen und deiner Konzentration lenkst. Wir zeigen nicht wie im Film mit dem Zauberstab auf einen Frosch und Wusch!!! wird ein hübscher Prinz daraus. Aber du kannst mit deiner Konzentration daran arbeiten, dass eben jener „Frosch" – vielleicht ein Junge, den du nett findest, der dich aber nicht beachtet – auf dich aufmerksam wird und dass du die Gelegenheit bekommst, den „Prinzen" in ihm kennen zu lernen. Oder auch nicht. Denn vielleicht stellt er sich ja als Ekelpaket heraus.

Übung:
Beobachte regelmäßig, in welcher Stimmung du von deinen magischen Handlungen in den Alltag zurückkehrst. Du wirst sehen, dass du sehr oft motiviert sein wirst, deine Ziele zu verwirklichen. Du bist positiv eingestellt. Das ist der Effekt der Magie!

Veränderungen brauchen Zeit. Dinge passieren, wenn sie passieren sollen. Halte dir diese Grundsätze immer vor Augen.

DEINE MAGISCHEN RITUALE

Magische Rituale habe ich auf meinen Reisen überall auf der Welt angetroffen. Es ist eine uralte Kunst. Magie ist ein mächtiges Instrument. Sie ist kein Spielzeug. Sei dir bewusst, dass du mit Energien arbeitest, die eine Veränderung bewirken. Diese Veränderung wird in den meisten Fällen nicht nur für dich von Bedeutung sein. Deshalb handle verantwortungsbewusst.

Das Prinzip des dreifachen Karmas ist dir inzwischen bekannt: Alles, was du ausschickst, kommt in dreifacher Stärke zu dir zurück. In der nicht magischen Welt wird dieser Grundsatz mit einem einfachen und jedem bekannten Prinzip zum Ausdruck gebracht: Was du nicht willst, das man dir tu, das füg auch keinem anderen zu!

Magie ist eine neutrale Kraft – sie ist weder gut noch böse. Du mit deinem Willen und deiner Konzentration gibst der von dir eingesetzten Magie erst die Richtung. Gefühl und Intuition sind hier entscheidend. Du musst fühlen, was du erreichen möchtest. Nur dann kann die notwendige Energie entstehen.

Visualisiere deine Ziele

Eine wichtige Technik während unserer Rituale ist die kreative Visualisierung. Du musst das, was du erreichen möchtest, klar und deutlich vor dir sehen. Die Ergebnisse deiner magischen Handlungen musst du dir vorstellen können, damit die von dir freigesetzte Energie auch richtig geleitet und gelenkt wird. Manche Menschen haben dafür eine natürliche Gabe. Oft wird diese Gabe auch mit seherischen Fähigkeiten verwechselt. Die meisten unter uns müssen jedoch lange üben, um diese Technik erfolgreich anzuwenden. Aber du hast die Notwendigkeit dieser Übung sicher verstanden: Willst du dich wirklich konzentrieren, musst du ein klares mentales Bild von deinem Ziel haben.

Übung:
Suche den Ort auf, den du für deine magischen Handlungen gefunden hast. Definiere für dich ein Ziel, das du mit einem Ritual erreichen möchtest. Versuche, es möglichst genau zu formulieren, sei nicht vage, sondern präzise. Jetzt versetze dich selber in diese neue Situation, die du ja erst noch erreichen möchtest. Stelle dir genau den Ort vor, die beteiligten Personen und dich selber. Wie fühlst du dich dabei? Schaffst du es, die veränderte Konstellation in dir zu fühlen? Jetzt geh zum nächsten Schritt über: Wie fühlen sich die anderen mit dir in dieser Situation? Dies ist wichtig, damit du dir die Konsequenzen deines Handelns vorstellen kannst. Sei nicht entmutigt, wenn es beim ersten Mal nicht klappt. Kreative Visualisierung ist schwer. Du solltest diese Übung dreimal in der Woche wiederholen und deine Erfahrungen und Fortschritte in einem Tagebuch festhalten.

Der Mond

Magie ist die Lehre der Naturgeheimnisse. Einige Beispiele habe ich dir schon vorgestellt. Den größten Einfluss auf unsere magischen Handlungen hat der Mond. Für unsere Ergebnisse ist es wichtig, dass wir uns die richtige Mondphase aussuchen, um unsere Rituale durchzuführen.

Zunehmender Mond (die Zeit vom Neumond durch das erste Quartal zum Vollmond):
Jetzt ist die beste Zeit für alle positiven Zauber, die Liebe, Glück und Wohlstand zum Ziel haben.

Vollmond:
Der volle Mond erhöht die übersinnliche Wahrnehmung. Viele Leute schlafwandeln bei Vollmond, das wirst du vielleicht schon festgestellt haben. Dies ist die richtige Zeit für die Anrufung der Mondgöttin und alle Fruchtbarkeitsrituale. Ich sagte ja schon, dass du den Begriff „Fruchtbarkeit" nicht zu eng sehen solltest, sondern alles, was mit Wachstum und Neuschöpfung zu tun hat, mit in deine Zauber integrieren solltest.

Abnehmender Mond (die Zeit vom Vollmond durch das letzte Quartal zum Neumond):
Die ideale Zeit, um Negativität abzuwehren, schlechte Beziehungen zu beenden, schlechte Gewohnheiten abzulegen und auch kleinere Krankheiten, wie eine Erkältung, zu überwinden.

DEINE VORBEREITUNG

Deine Vorbereitung ist sehr wichtig. Während eines Rituals ehren wir unseren Glauben und besinnen uns auf unsere Prinzipien. Wir aktivieren die Kräfte, die in uns sind, und spüren die Energien, die uns umgeben. Ohne Rituale können wir diese Verbindung zu den für unsere Magie notwendigen Energien nicht aufnehmen. Deshalb musst du dich auf diesen wichtigen Akt gut vorbereiten.

Das reinigende Bad

Zuerst reinigst du dich von allen negativen Energien. Du entspannst dich während des warmen Bades und konzentrierst dich auf deine bevorstehenden magischen Handlungen. Dein Unterbewusstsein wird vorbereitet. Deshalb ist das rituelle Bad ebenso wichtig wie deine Werkzeuge. Ohne dieses Bad bleiben deine Gedanken und Gefühle im Alltag „stecken". Nimm dir Zeit! Eine gründliche Vorbereitung ist eine gute Basis für ein erfolgreiches Ritual.

Dem warmen Wasser solltest du aromatische Öle oder Kräuter zusetzen. Du brauchst nur ein paar Tropfen oder Blätter, die Wirkung wird sich auch in kleinen Mengen voll entfalten. Du kannst Öle und Kräuter nehmen, deren Duft du magst, oder auch solche, die zu dem Ritual passen, das du durchführen möchtest. Gedämpftes Licht oder auch ein paar Kerzen helfen dir, vom Alltag abzuschalten und dich ganz auf deine Energien zu konzentrieren. Leichte Musik, vielleicht deine augenblickliche Lieblingsmusik, kannst du im Hintergrund spielen lassen. Während des Bades solltest du noch einmal bedenken, was das Ziel deines Rituals sein soll. Du erinnerst dich, dies ist eine der Voraussetzungen, damit eine magische Handlung wirken kann: Eine genaue Vorstellung dessen, was du erreichen möchtest.

Versuche, deinen Geist in das dich umgebende Wasser – eines der Elemente der Natur! – gleiten zu lassen, dich fallen zu lassen. Aber sei vorsichtig: Nimm dieses Bad niemals, wenn du müde bist. Die Entspannung könnte dich einschlafen lassen, und das ist in der Badewanne sehr gefährlich.

Deine magischen Rituale

Wenn du aus dem Wasser steigst, stell dir vor, wie die Energie in Form der Wassertropfen von dir abperlt. Nun bist du körperlich und geistig gereinigt.

Deine rituelle Kleidung

Nun baust du deinen Altar auf. Sicher kannst du in jedem Augenblick deines Lebens magische Handlungen ausführen. Und dies selbstverständlich mit der Kleidung, die du gerade trägst. Bereitest du dich aber auf ein magisches Ritual vor, solltest du deine rituelle Kleidung – deinen „Zaubermantel" – anlegen. Deine spezielle Kleidung, die du nur zu diesen Anlässen trägst, denn sie ist mit magischer Energie aufgeladen. Das Anlegen dieser Kleidungsstücke gehört zur Vorbereitung, denn währenddessen kannst du dich noch einmal auf das Bevorstehende konzentrieren.

Es gibt keine Regel, wie deine Zauberkleidung auszusehen hat. Bequem muss sie sein, denn du sollst dich auf deine Gefühle konzentrieren und nicht auf deine Klamotten! Und aus Baumwolle sollte sie sein – und nicht aus synthetischen Materialien. Synthetik brennt sehr schnell, und du wirst während der Zeremonien mit Kerzen und Räucherwerk umgehen. Idealerweise trägst du etwas, das für dich eine besondere Bedeutung hat: eine alte Jeans, die du anhattest, als du glücklich warst; ein Hemd, das deinem Vater gehört hat und in dem du dich geborgen fühlst; ein T-Shirt, das dir Glück bringt. So hast gleich eine emotionale Bindung zu deiner Zauberkleidung, die wichtig ist, um deine positiven Energien zu aktivieren.

Ich habe seit meiner frühesten Kindheit einen Ring, den mir meine Großmutter zu meiner Geburt geschenkt hat. Meine Großmutter war auch eine Hexe und hat ihr **Buch der Schatten** meiner Mutter vererbt. Damals war es noch schwer, als Hexe zu leben. Die Leute unterschieden nicht zwischen schwarzer (böser) und weißer (guter) Magie und konnten die besonderen Kräfte, die das Wissen um Vorgänge in der Natur und die positive Energie den Hexen verlieh, nicht verstehen. Ich habe meine Großmutter immer dafür bewundert, dass sie überall und offen über ihre Erfahrungen berichtete und andere vorbehaltlos an ihrem Wissen teilhaben ließ. In meinen Augen hat sie diese besondere Kraft an meinen Ring weitergegeben. Diesen Ring trage ich immer, wenn ich meine magischen Rituale durchführe. Er hat mich mein ganzes Leben begleitet. Vielleicht hast du ja auch ein solches Schmuckstück, das dir ganz besonders am Herzen liegt? Ein Armband, eine Kette oder auch einen Schal? Dann soll es dich immer bei deinen Ritualen begleiten!

Was kannst du zu deiner Zauberkleidung machen?
- einen Pullover;
- ein T-Shirt, nicht zu eng;
- einen Jogging-Anzug;
- ein weites Oberhemd;
- eine weite, bequeme Hose;
- einen Hut, eine Mütze oder Baseball-Kappe.

Die Kleidung muss nicht aussehen wie aus einem Hexenfilm: schwarz, hoher Zauberhut, mit Sternen bedruckter Umhang. Das sind literarische Vorstellungen und haben mit uns modernen Hexen wenig zu tun. Wichtig ist nur, dass du dich wohl fühlst und dich komplett und uneingeschränkt auf das Ziel deiner magischen Handlungen konzentrieren kannst.

Übung:
Wähle deine Zauberkleidung. Öffne deinen Kleiderschrank und nimm einige Teile, die dir gut gefallen und in denen du dich wohl fühlst, heraus. Verbindest du positive Erinnerungen mit diesen Kleidungsstücken? Oder eher Streit und Unsicherheiten? Befrage dich so bei jedem einzelnen Stück, das du aussuchen möchtest.

So weihst du deine Hexenwerkzeuge

Im nächsten Schritt weihst du deine Werkzeuge. Diese Weihung entzieht ihnen die negative Energie und führt ihnen deine positive zu. Damit kräftigst du die Werkzeuge, die du für dein späteres Ritual verwenden willst. Diese Handlung ist sehr wichtig, denn ohne deine Energie bleibt eine Schale Wasser einfach ein Behälter mit Wasser. Ein Dolch bleibt ein Dolch und kann nicht zu einem rituellen Werkzeug – einem Athame – werden. Alle Werkzeuge, die du auf deinem Altar versammelt hast, müssen geweiht werden. Hierzu rufst die Kräfte der Elemente an.

Zuerst sagst du:

> Element Erde, ich rufe dich. Auf dass alle negative Energie
> gebannt wird und nur die positive Energie übrig bleibt.
> Dies ist mein Wille, deshalb geschehe es.

Während du diese Worte sprichst, zeichnest du mit deiner rechten Hand ein Pentagramm in die Luft über der Schale mit Salz.

Nun sagst Du:

> Element Wasser, ich rufe dich. Auf dass alle negative Energie
> gebannt wird und nur die positive Energie übrig bleibt.
> Dies ist mein Wille, deshalb geschehe es.

Nun zeichnest du ein Pentagramm über die Schale mit Wasser auf deinem Altar.

Als Drittes rufst du mit denselben Worten das Element Luft an und zeichnest das Pentagramm über den Weihrauch oder die Kräuter, die du verbrennen möchtest.

Daraufhin rufst du das Element Feuer an und zeichnest ein Pentagramm in die Luft wie schon bei den anderen Elementen, doch dieses Mal über den Kerzen auf deinem Altar.

Als Letztes sagst du:

> Oh Geist, schütze diesen Altar vor negativen Kräften. Mag deine Segnung über ihm liegen, während ich an diesem Ort Handlungen vollziehe, die ausschließlich Gutes zum Ziel haben und keinem schaden werden. So sei es.

Nachdem du diese Weihung vollzogen hast und die Werkzeuge, die die vier Elemente repräsentieren, gesegnet sind, nimm dreimal eine Prise Salz aus der Schale und gib diese in die Schale mit Wasser auf deinem Altar, um damit geweihtes Wasser herzustellen. Während du dies tust, sprich die folgenden Worte:

> Eins um den Körper zu reinigen;
> Eins um den Geist zu reinigen;
> Eins um das Herz zu reinigen.
> Der Geist wird alle drei zusammenführen.

Nimm dein Athame und benetze es mit dem eben geweihten Wasser. Dazu sagst du:

> Mit dem Element Wasser wasche ich alle negativen Energien von diesem Athame, auf dass nur positive Energien übrig bleiben.

Nimm Salz und streue es über das Athame und sprich noch einmal den Bannspruch der negativen Energien, dieses Mal mit dem Element Erde:

> Mit dem Element Erde wasche ich alle negativen Energien von diesem Athame, auf dass nur positive Energien übrig bleiben.

Dann ziehe das Athame einmal durch die Flamme einer deiner Kerzen und sprich den Spruch für das Element Feuer.

Als Nächstes hältst du den rituellen Dolch in den Rauch deines Räucherwerks und sprichst den Bannspruch für das Element Luft.

Deine magischen Rituale

Als Letztes hebst du das so gereinigte Athame und sprichst:

Oh Geist, schütze dieses Athame vor negativen Kräften. Mag deine Segnung auf ihm liegen, während ich an diesem Ort Handlungen vollziehe, die ausschließlich Gutes zum Ziel haben und keinem schaden werden. So sei es.

Du wirst verstehen, warum diese Weihung der Dinge, mit denen du arbeitest, so wichtig ist. Du arbeitest mit Energien. Die Dinge bekommen durch dich erst ihre besonderen Kräfte. Doch zuerst müssen sie von anderen und negativen Kräften „entladen" werden. Und auch du wirst dir während dieser Handlungen deiner Kräfte und Motivation noch einmal bewusst.

Wenn du diese Weihung das erste Mal durchführst, wirst du Zeit brauchen. Du musst es nicht jedes Mal erneut durchführen, wenn du deinen Altar zum Ritual aufbaust. Es sei denn, ein anderer hätte deine Werkzeuge berührt und damit unfreiwillig seine Energien auf sie übertragen. Dann allerdings musst du das gesamte Weihungsritual erneut durchführen.

Du kannst auf eben diese Weise auch deine Zauberkleidung weihen. Das ist aber nicht zwingend. Mein Tipp: Lege deine rituelle Kleidung einmal in das Licht des Vollmondes. Sie wird die besondere Energie des Mondes in sich aufnehmen.

Lade deine Hexenwerkzeuge mit positiver Energie auf

Mit „Aufladen" meine ich: ihnen die positive Energie zuführen, die sie für die geplanten Rituale und Zaubersprüche benötigen. Wenn du Gelegenheit hast, dann breite sie, wie vorher deine Zauberkleidung oder mit ihr zusammen, im Mondlicht aus. Dazu muss dieses Mal nicht Vollmond sein. Sie saugen so die Kraft des Mondes in sich auf. Du musst sie nicht im Freien auslegen, sondern kannst genauso gut das Mondlicht, das in dein Zimmer fällt, nutzen.

Das Energie-Ritual für Hexenwerkzeuge

- Du reinigst deine Werkzeuge von negativen Energien, wie ich oben beschrieben habe.
- Nun breite deine Hexenwerkzeuge im Mondlicht aus.
- Wenn du Quarzsteine besitzt, können sie bei diesem Ritual hilfreich sein, denn sie ziehen positive Energie an. Lege sie zu deinen Werkzeugen.
- Setze dich auf die Erde neben deinen Werkzeugen.
- Atme tief ein und aus. Nimm dir Zeit, atme ruhig und gleichmäßig.
- Schau ins Mondlicht, das auf deine Werkzeuge fällt.
- Bitte den Mond, seine Energie mit dir zu teilen. Hierfür gibt es keinen vorgegebenen Spruch, du musst die Worte in dir finden und die Bitte einfach so formulieren, wie es dir gerade in den Sinn kommt.
- Sammle deine Werkzeuge, wickle sie in ein Tuch (wenn möglich in das, was du auch auf deinem Altar ausbreitest) und lass sie über Nacht bei deinem Altar liegen.

DEIN MAGISCHER ZIRKEL

Du hast sicher schon von einem magischen Kreis – oder Zirkel – gehört. Um ihn ranken sich in nicht-magischen Kreisen viele Geschichten – die meisten sind leider eher dunkel und gruselig. Einen magischen Kreis ziehen wir aber gerade, um uns vor negativen Energien zu schützen und die positiven, die wir durch unsere Rituale und Zaubersprüche freisetzen, innerhalb dieses Zirkels zu halten. Du solltest dich dort beschützt und sicher fühlen. Nur das, was du ausdrücklich zu dir in deinen magischen Kreis einlädst, kann eindringen. Er umgibt dich wie ein Schutzmantel. Der Kreis ist das Symbol für diesen Raum, der nicht wirklich kreisförmig ist, sondern eher den Raum um dich und die, die mit dir die magischen Rituale durchführen, bezeichnet.

Immer wenn du magische Handlungen durchführen oder Zaubersprüche sprechen möchtest, musst du einen magischen Kreis um dich ziehen.

Wann solltest du keinen magischen Zirkel ziehen?

- Wenn du dich krank fühlst.
- Wenn du dich müde fühlst.
- Wenn du wütend und ärgerlich bist.
- Wenn du in Eile bist.
- Wenn du keine Zeit hattest, dich richtig auf das Ritual vorzubereiten.

Kannst du dir jetzt schon denken, warum du unter den oben aufgezählten Voraussetzungen keinen magischen Zirkel ziehen solltest? Hast du meine Ausführungen bis hierher aufmerksam genug gelesen? Du solltest niemals magische Handlungen ausführen, wenn eine dieser Bedingungen gegeben ist, denn dann kannst du dich nicht ausreichend auf deine positiven Energien konzentrieren. Diese sind aber absolut notwendig, um deinen Willen auf dein Ziel zu lenken. Wenn du müde oder wütend bist, wird diese Energie fehlgeleitet oder verpufft einfach ohne jede Wirkung.

Dein Kreis, den du symbolisch abgehst, muss eine runde Form haben und darf keine Ecken in seinen Linien aufweisen. Rundungen stehen für Stärke, Ecken sind Schwachpunkte. Der Kreis steht darüber hinaus für einen Prozess ohne Anfang und ohne Ende – oder anders herum: Er ist beides, Anfang und Ende in einem.

Übung:
Denke über die Symbolik nach, die für uns beim Zaubern eine große Rolle spielt. Kannst du dir vorstellen, warum? Denke über die Symbolik des Kreises nach: ohne Anfang und ohne Ende. Siehst du, wie einzigartig dieses Symbol ist? Kennst du noch andere Dinge ohne Anfang und ohne Ende? Denke über die symbolische Reinigung deiner Hexenwerkzeuge nach. Negative Energien müssen verbannt werden, damit die positiven Platz finden. Stell dir diesen Vorgang bildlich vor. Denke dir ein konkretes Beispiel aus, das diese Symbolik mit Inhalt füllt. Kannst du dich freundlich mit einer Freundin unterhalten und ihr zuhören, wenn du in Gedanken noch bei einem Streit mit deinen Eltern bist?

So ziehst du einen magischen Zirkel

Zuerst einmal musst du den Raum, in dem du diesen Kreis ziehen willst, reinigen – im wörtlichen und im übertragenen Sinne. Du solltest deine Sachen ordnen und alles Überflüssige zur Seite räumen, das dich von dem Ritual, das du durchführen möchtest, ablenken könnte. Das letzte schlechte Zeugnis, der Liebesbrief von deinem Freund, die Hausaufgaben, die in Angriff genommen werden wollen – all das muss aus deinem Blickfeld verschwinden.

Als Nächstes nimmst du einen Besen – einen magischen Besen, den du vorher weihst, wie alle deine anderen Werkzeuge – und fegst den Boden, auf dem du deinen Zirkel ziehen möchtest. Du fegst damit negative Energien einfach hinaus! Dazu sagst du:

> Feg, feg mit diesem Besen
> Alles Schlechte, das hier gewesen.
> Feg, feg das Gute herein;
> Das Böse auf immer gebannt will sein.

Nachdem du den gesamten Raum gereinigt hast, musst du ihn weihen. Dazu nimmst du nacheinander die Dinge in die Hände, die die Elemente repräsentieren: Wasser, Erde, Feuer, Luft.

Du nimmst die Schale mit Wasser und gehst im Uhrzeigersinn den Kreis ab. Sprich:

> Ich gehe nun zum ersten Mal im Kreis,
> Damit reinige und weihe ich diesen Boden.

Dann gehst du denselben Zirkel im Uhrzeigersinn, dieses Mal mit der Schale Salz (Symbol der Erde).

> Ich gehe nun zum zweiten Mal im Kreis,
> Damit er meine Energie leite.

Dann nimmst du deine Schale mit Räucherwerk oder Weihrauch, den du zuvor schon ein wenig angebrannt hast. Das Räucherwerk und der Rauch repräsentieren das Feuer und die Luft.

Deine magischen Rituale

Dazu sagst du nun zum Abschluss:

Ich gehe den Kreis nun zum dritten Mal,
Damit er mich und meine Energien schütze.

Jetzt markierst du die Punkte, an denen dein Kreis gezogen werden soll, mit deinem Athame, dem rituellen Dolch, der Energie leitet und abwehrt. An diesen Punkten orientierst du dich mental, um zu wissen, wo dein magischer Kreis gezogen wurde. Du kannst auch ganz deutlich mit Kreide diesen Kreis auf den Boden malen und hast so immer die Kreisform und ihre Grenzen vor Augen. Oder du ziehst den Kreis mit deinem Athame in den Boden, wenn du dein Ritual in der freien Natur ausübst. Das kannst du von Fall zu Fall entscheiden. Denn der magische Kreis ist „nur" ein Symbol, er meint den Schutz, den du um dich und deine magische Handlung errichtet hast.

Nachdem du diese Schritte gewissenhaft vollzogen hast, ist dein magischer Kreis aktiviert, dein Schutzraum aufgebaut!

So löst du den magischen Zirkel

Nach dem Abschluss deines Rituals löst du den magischen Zirkel wieder – für dich und alle die, die an deinem Ritual teilgenommen haben. Du gibst damit die Energien wieder frei und kannst dich auf weltliche Dinge konzentrieren.

Zuerst dankst du den Mächten, die du in deinen magischen Kreis zu Hilfe gerufen hast.

Dann dankst du denen, die mit dir die magischen Rituale vollzogen haben.

Anschließend nimmst du das Athame und gehst die Form des Kreises, die du vorher abgesteckt hast, gegen den Uhrzeigersinn ab. Beginne im Osten. Stell dir dabei vor, dass die Energie innerhalb des Kreises in den Dolch gesogen wird. Stell dir weiterhin vor, dass der Dolch diese Energieströme in deinen Arm leitet, weiter in deinen Oberkörper, durch dein Herz, in deine Beine und schließlich in die Erde, auf der du stehst.

Danach nimmst du die Hände deiner Freunde, die mit dir im Kreis waren. Wenn du alleine bist, strecke die Hände zum Himmel. Nun sag:

Der Kreis ist geöffnet – doch niemals gebrochen.

Das bedeutet, dass du die magischen Energien freigibst, aber nicht zerstörst.

Dann sagst du:

Auf dass alle Lebewesen und alle Elemente, die ich in diesem Ritual anrief, niemals zu Schaden kommen.

Denn du willst ja durch deine magischen Kräfte deinen Willen Realität werden lassen, aber dabei keinem schaden.

Anschließend nimmst du wieder die Hände deiner Freunde, und ihr sagt im Chor:

In Freundschaft kamen wir zusammen,
In Freundschaft gehen wir auseinander,
Und in Freundschaft werden wir uns wieder treffen.

Damit ist das Ritual offiziell beendet.

Es ist sehr wichtig, dass du das, was innerhalb des Kreises während der Zeremonie geschehen ist, nicht unüberlegt weitererzählst. Wenn dir deine Freundinnen ein Geheimnis anvertraut haben oder während der Handlung um Stärke gebeten haben, um eine ihnen peinliche Schwäche zu überwinden, dann musst du dieses Wissen vertraulich behandeln. Enttäusche das Vertrauen niemals, das deine Mit-Hexen in dich setzen. Einzig und allein, wenn du dir sicher bist, großen Schaden nur so abwenden zu können, indem du dein Wissen mit anderen teilst – mit deinen Eltern, deinen Geschwistern, deiner besten Freundin oder auch Lehrern –, dann darfst du diese Regel brechen. Wenn zum Beispiel ein Teilnehmer an deinem Ritual die Absicht ausspricht, einem anderen zu schaden, und ganz besonders jemandem, der bei dem Ritual nicht anwesend ist, dann musst du handeln. Wenn eine deiner Hexenfreunde dich davon in Kenntnis setzt, sich selbst schaden

Deine magischen Rituale

zu wollen – auch dann musst du handeln. Magische Rituale und ihre Regeln dürfen nicht deinen gesunden Menschenverstand außer Kraft setzen – im Gegenteil, sie sind dazu da, ihn zu stärken! Hexe zu sein, bedeutet, besonders aufmerksam auf die Gefühle der anderen zu achten.

Übung:
Wenn du das nächste Mal mit Freunden ein Ritual durchführst, achte genau auf die Reaktionen der anderen, auf alles, was während des Rituals passiert. Unterhaltet euch nach der Auflösung des Kreises miteinander: Was hat jeder einzelne gefühlt? Was hat er sich von der Durchführung des Rituals erhofft? Was meint er, mit dem Ritual bewirkt zu haben? Denkt immer daran: Hexe zu sein, bedeutet, immer aufmerksam auf seine Umgebung zu achten und über seine Beobachtungen nachzudenken.

Der kleine magische Zirkel

Oft wirst du einen Zauberspruch anwenden wollen und hast nicht die Zeit, deinen Altar aufzubauen, das rituelle Bad zu nehmen, die Weihung durchzuführen, falls deine Werkzeuge von anderen als von dir berührt wurden. Dennoch hast du genug Zeit, dich mental ausreichend vorzubereiten, d.h. du bist dir des Zieles, das du verfolgst, sicher, kannst dir die Folge vergegenwärtigen, hast die Ruhe und die Sicherheit, dich voll auf deine magische Handlung des Zauberspruchs zu konzentrieren.

Ein magischer Zirkel ist aber immer notwendig. Für diese Gelegenheit sage ich dir jetzt, wie man den „kleinen" magischen Kreis zieht.

Halte einen beliebigen Gegenstand, den du als dein rituelles Werkzeug für diesen Zauberspruch gewählt hast, mit ausgestrecktem Arm von deinem Oberkörper weg. Dieser Gegenstand kann ein Kugelschreiber, ein Buch (auch **Das Buch der Schatten**), ein Ring oder ganz einfach dein Zeigefinger sein.

Stell dir vor, du siehst ein weißes Licht, das aus diesem Gegenstand strömt. Konzentriere dich ganz fest, bis du dieses Licht siehst.

Dann geh deinen Kreis im Uhrzeigersinn ab.

Dabei sagst du:

> Dieser Kreis ist ein Raum, gefüllt mit positiver Energie.
> Dieser Kreis ist mein Schutzschild.

Dann gehst du den Kreis zum zweiten Mal ab und sagst:

> In diesem Kreis kann mir nichts geschehen,
> Die Elemente schützen mich.

Du gehst den Kreis ein drittes Mal, immer noch im Uhrzeigersinn, ab und sagst:

> Dieser Kreis wird meinen Spruch stärken und meinen Willen lenken.

Schau nach Norden und zeichne mit dem von dir gewählten Gegenstand ein Pentagramm in die Luft.

Tu das gleiche in Richtung Osten, Süden, Westen.

Damit ist der magische Kreis aufgebaut, und du kannst deinen Zauberspruch aufsagen.

Wie auch den „großen" Kreis musst du den kleinen nach Beendigung deines Spruchs abbauen. Dazu nimmst du den Gegenstand, mit dem du den Kreis auch schon aufgebaut hast, zeigst nach Norden und gehst den Kreis gegen den Uhrzeigersinn ab.

Dabei sagst du:

> Ich breche diesen Kreis nicht – sondern ich öffne ihn.
> Der Zauber, den ich aussandte, entfaltet nun seine Kraft.
> Ich werde niemandem schaden,
> Denn alles was ausgeht,
> Kehrt dreifach zurück.

DAS PENTAGRAMM

Das Pentagramm ist eines unserer wichtigsten Symbole. Bei einigen der magischen Handlungen, die ich dir bis hierhin gezeigt habe, hast du dieses Symbol schon angewendet, indem du es in die Luft gezeichnet hast, z.B. bei dem „kleinen" magischen Kreis. Das Pentagramm ist aber auch das Symbol unseres Hexentums, das am meisten missgedeutet wird. Viele Menschen halten es für das Symbol des Bösen. Das Gegenteil ist der Fall! Es repräsentiert für uns gerade den Kampf gegen das Böse und die Abwehr negativer Kräfte.

Ich halte es aber für wichtig, dich über dieses gängige Missverständnis zu informieren, damit du Reaktionen deiner Umgebung auf das Pentagramm besser verstehen kannst.

Ein Pentagramm ist ein fünfzackiger Stern. Dieses Symbol kommt ursprünglich aus dem Christentum, erst die neuere Zeit bringt es mit den Satanisten – also Leuten, die den Teufel anbeten – in Verbindung. Die Seiten der Zacken stehen miteinander in Verbindung.

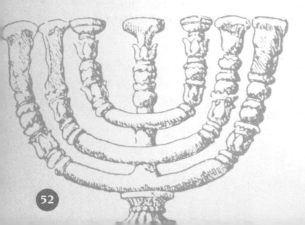

Einige Christen sahen im Pentagramm die Repräsentation der fünf Wunden Christi und nahmen es als Schutz gegen böse Kräfte. Die ersten Hebräer setzten den fünfzackigen Stern mit den ersten fünf Büchern der Bibel in Verbindung und sahen in ihm das Symbol für Wahrheit. Für die Ritter des Mittelalters stellte das Pentagramm die ritterlichen Tugenden dar, die ihnen in ihrer Lebensführung sehr wichtig waren. So wurde zu allen Zeiten dieses Zeichen als Symbol für das Gute genommen.

Für uns als moderne Hexen stehen die fünf Zacken des Pentagramms für den Geist und die vier Elemente, die die Energien des Lebens repräsentieren: Wasser, Luft, Feuer und Erde.

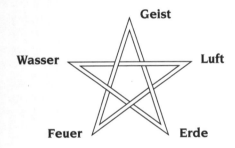

Unser Stern steht immer mit einer Spitze nach oben und zwei Spitzen nach unten. Die nach oben deutende, einzelne Spitze heißt: Mein Geist ist stärker als meine Probleme und alle widrigen Umstände, die der Lösung des Problems entgegenstehen. Sie drückt aus, dass wir immer mit diesem Grundsatz arbeiten werden.

Ein Pentakel ist ein Pentagramm, das von einem Kreis umgeben ist. Es ist ein Gegenstand der für Schutz und Sicherheit steht und damit sehr kraftvoll ist. Wir legen es oft auf den Altar, um diesen und unsere Werkzeuge während unserer magischen Handlungen trotz Weihung und magischem Kreis noch einmal zu schützen.

Wenn du das Pentagramm über einem Gegenstand in die Luft zeichnest, ist dieser Gegenstand von dir gegen negative Energien geschützt worden. Du musst dazu kein wirkliches Pentagramm oder Pentakel aus Holz oder Metall zu deiner Verfügung haben, das Zeichnen mit der Hand in der Luft reicht völlig aus. Für deinen Altar kannst du das Pentagramm auch auf ein Blatt Papier zeichnen. Wichtig ist die Kraft der Symbolik, nicht der Stoff, aus dem das Symbol gemacht ist.

Du kannst ein Pentakel auch als ständigen Schutz an deinem Körper tragen, z.B. als Kette. Wenn du so ein Pentakel im Handel kaufst, achte auf Folgendes:

Silber	steht für die Kraft des Mondes;
Gold	steht für die Kraft der Sonne;
Kupfer	zieht Energie an;
Ein Stein in der Mitte	verstärkt die Kraft der Steinart. Amethyst z. B. steht für Heilkräfte, Onyx für Schutz.

So zeichnest du Pentagramme in die Luft

Pentagramme zeichnen wir während der Rituale in die Luft. Wir bannen damit negative Energie und rufen die positiven zu uns. Bei beiden Aktionen wird das Pentagramm mit anders ablaufenden Bewegungen gezeichnet.

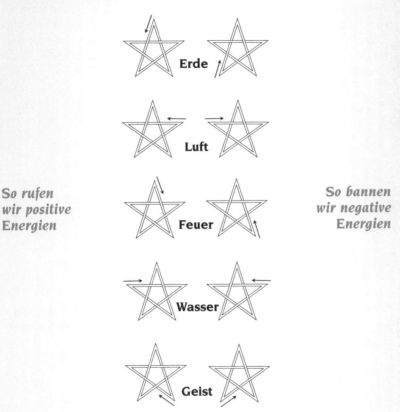

So rufen wir positive Energien

So bannen wir negative Energien

Das bannende Pentagramm machen wir während der Reinigung über unseren Werkzeugen. Das anrufende Pentagramm, um Kraft und Hilfe zu uns in den Kreis zu rufen. Dieser Stern verstärkt auch deine Zaubersprüche. Wenn du zum Beispiel bei Problemen mit einer Freundin einen Freundschaftszauber sprichst und vorher das anrufende Wasser-Pentagramm in die Luft gezeichnet hast, dann wirst du noch stärkere Kräfte aufbringen können, um mit deinen schwierigen und widersprüchlichen Gefühlen besser umgehen zu können.

Deine magischen Rituale

Manche Hexen malen das Zeichen des Pentagramms in ganz anderen Bewegungsabläufen in die Luft, als ich sie hier gezeigt habe. Das wirst du auch bei anderen Regeln und Anweisungen antreffen, die unsere Hexenkunst betreffen. Das liegt daran, dass es sich nicht um eine Wissenschaft handelt, bei der man jedem Einzelnen sagen kann: Geh erst A und dann B entlang, dann kommst du unweigerlich zu C. Hexenkunst basiert zu sehr auf dem Einzelnen und seinen Kräften und Energien und auch seinen Schwächen, als dass man wissenschaftliche Regeln aufstellen könnte. Jede Hexe macht ihre eigenen Erfahrungen und zieht ihre eigenen Schlüsse. Das ist daher auch das Prinzip eines **Buches der Schatten**. Die ältere Hexe gibt ihre Erfahrungen weiter, von denen sie glaubt, dass sie gut und richtig sind. Es ist an dir, sie auszuprobieren, zu testen und das in diesem Buch enthaltene Wissen deinen Erfahrungen anzupassen, es weiterzuentwickeln.

Darüber hinaus ist der individuelle Wille und die persönliche Energie immer wichtiger als das Symbol oder die rituelle Handlung. Denn – du erinnerst dich – wir geben erst mit unserem Willen den Dingen ihre besondere Bedeutung. Wenn du deshalb irrtümlich ein Wasser-Pentagramm zeichnest, aber voll und ganz auf ein Feuer-Pentagramm konzentriert bist, was ist dann letztendlich wohl stärker? Richtig, die Energie des Elementes Feuer!

Übung:
Schreibe alle Schritte der Weihung und des magischen Kreises auf ein Blatt Papier. Gehe sie mit dem Blatt in der Hand durch. So oft, bis du sie auswendig kannst. Dann leg das Blatt beiseite und gehe alles noch einmal durch. So lange, bis du nicht mehr an die Handlungsabläufe denken musst und dich nicht bei jedem Spruch an das nächste Wort erinnern musst. Erst dann kannst du dich wirklich auf das Ritual konzentrieren!

So initiierst du dich selber

Wenn du dich mit allem vertraut gemacht hast, das ich dir bis hierhin nahe bringen wollte, dann ist jetzt der Moment gekommen, dich als Hexe zu initiieren. Nach dem Vollzug dieses Rituals darfst du dich als vollwertige Hexe fühlen!

Was heißt es, eine Hexe zu sein?
- Du willst dich und deine Umgebung mit deinem Willen und deinen Kräften positiv beeinflussen.
- Du willst deine verborgenen Kräfte aktivieren.
- Du bist bereit, dich selbst und deine Motivation kritisch in Frage zu stellen.
- Du weißt, dass du hierzu dein Leben lang lernen musst.
- Du bist voll mit unserem Grundsatz: „Tu, was du willst, und schade keinem", einverstanden und willst dich immer nach ihm richten.

Wenn du einem Konvent – einer Hexengemeinschaft – angehörst, in dem schon ältere und erfahrenere Hexen sind, dann werden die anderen ein Initiationsritual mit dir durchführen, das dich erst zur Hexe macht. Wenn du allerdings alleine arbeitest – und dies tun heute die meisten –, dann werde ich dich jetzt Schritt für Schritt durch ein Ritual leiten, das du alleine und ganz für dich nachvollziehen kannst.

Du benötigst:

- Drei Tropfen Lavendelöl.
- Einen Duftstein.

Suche dir einen ruhigen Platz, an dem du voraussichtlich für ca. eine Stunde nicht gestört wirst. Tropfe das Lavendelöl auf den Duftstein.

Setze dich mit gekreuzten Beinen im Schneidersitz auf den Boden. Die Hände legst du auf die Knie, die Handflächen zeigen zum Himmel. Wenn du Yoga-Übungen machst, wirst du diese Haltung kennen. Sie signalisiert: Ich bin aufnahmebereit.

Deine magischen Rituale

Atme langsam durch deine Nase ein, dann durch den Mund wieder aus. Versuche, dies so langsam und so ruhig wie möglich zu tun. Tu dies so lange, bis du dich entspannt und konzentriert fühlst. Jetzt stell dir deinen Lieblingsplatz draußen in der Natur vor. Das kann der Wald sein, in dem du gerne mit deinem Hund spazieren gehst, oder der Strand vom letzten Urlaub, wo du ein letztes Mal den Sonnenuntergang beobachten konntest. Versuch, dich zu erinnern, wann du dich das letzte Mal glücklich und entspannt gefühlt hast und die ganze Welt hättest umarmen können.

Versuche, dir jedes Details bewusst zu werden: Welche Tageszeit ist es? Scheint die Sonne? Spürst du ihre Wärme auf deiner Haut? Kannst du die Luft riechen? Hörst du Geräusche?

Jetzt konzentriere dich auf die vier Elemente: Erde, Wasser, Feuer und Luft. Welche Rolle spielen sie an dem Ort, den du dir vorstellst? Sind alle Elemente vorhanden? Fühlst du ihre Stärke und Präsenz?

Komme wieder ins Jetzt zurück. Atme weiterhin langsam und gleichmäßig durch die Nase ein, durch den Mund aus.

Dann hebst du die Arme und sagst:

> *Ich spüre die Anwesenheit des Geistes.*
> *Ich werde mich seiner bedienen, ihn ehren und schützen.*
> *Ich werde die Kraft des Geistes nutzen, um meinen Willen*
> *zu stärken.*
> *Und dabei niemandem schaden.*

FÜHRE BUCH ÜBER DEINE RITUALE

Zauber wirken nicht von einer Minute zur anderen. Auch nicht von einer Stunde zur anderen. Natürlich kann es passieren, dass du einen Zauber ausführst und am nächsten Tag ist das gewünschte Ergebnis Realität. Das ist dann Zufall! Mit Zauber und Ritualen sendest du Energien aus, stößt damit andere Energien an und bewirkst so langsam, aber sicher Veränderungen. Je stärker deine Energien sind, desto stärker ist der Anstoß.

Deshalb ist es wichtig, dass du Buch über deine Rituale führst. So wirst du eine Entwicklung sehen, die dir verloren gehen könnte, wenn du heute ein Ritual ausführst und es morgen schon wieder vergessen hast! Denke immer daran: Wir arbeiten für die Zukunft und sind bereit zu lernen.

Zum Lernen gehört, dass du aufschreibst, wann du das Ritual ausführst, mit wem und zu welchem Zweck. Du beschreibst, wo du die Handlungen ausführst und mit welchen Werkzeugen. Du notierst den Monat, den Tag und die Uhrzeit. Wenn du kannst, schreibst du auf, in welchem Zeichen dieser Tag stand und wie der Stand des Mondes war. Hierbei kann immer ein spezieller Mondkalender helfen, den du in einer Buchhandlung bekommst. Darüber hältst du die Einzelheiten des Rituals fest: Welche Kräuter hast du verwendet? Welche Musik hast du gespielt? Welchen Spruch hast du aufgesagt?
Schließlich beobachtest du genau deine Konzentration und die Gefühle, die du während des Rituals hattest. Konntest du dich gut konzentrieren oder schweiften deine Gedanken ab? Wurdest du müde oder hellwach? Hast du deine Umgebung stärker wahrgenommen oder hast du dich eher auf dein Inneres konzentriert? Ist dir ein besonderer Gedanke während des Rituals in den Sinn gekommen? Hast du ein bestimmtes Gefühl ganz besonders stark wahrgenommen?

Denke auch daran, deine Freunde, die in deinem magischen Kreis am Ritual teilnahmen, zu befragen!

Die Resultate solltest du dann eintragen, wenn du sie tatsächlich feststellen kannst. Auch wenn das erst lange Zeit später ist.

Deine magischen Rituale

MEIN MAGISCHES RITUAL

Art des Rituals: _____

Teilnehmer am Ritual: _____

Mein Ziel: _____

Monat, Tag und Uhrzeit: _____

Sternzeichen: _____ **Mondphase:** _____

Dauer des Rituals: _____

Wetter: _____ **Ort:** _____

Mein körperlicher Zustand (Erkältung, Müdigkeit etc.):

_____

Meine Werkzeuge: _____

Diese Kräuter habe ich verwendet: _____

_____

Diese Musik habe ich gespielt: _____

Mein Zauberspruch: _____

_____

_____

Das habe ich beobachtet: _____

_____

Festgestellte Resultate: _____

KERZENMAGIE

Kerzenmagie ist eine meiner liebsten Arten von Magie. Sie ist sehr variabel und flexibel, und du kannst sie für fast alle Zwecke verwenden.

Du benötigst:

- Eine Kerze in der Farbe, die der Art deines Zaubers entspricht.
- Ein aromatisches Öl, das der Art deines Zaubers entspricht.
- Getrocknete Kräuter, deren Eigenschaften deinen Zauber unterstützen sollen.
- Ein kleines Messer.
- Einen Mörser und einen Stößel.
- Einen Kerzenhalter.

Die mentale Vorbereitung ist dieselbe wie bei einem Ritual:

- Du musst dir über deine Absicht im Klaren sein.
- Du musst dir sicher sein, alle nicht-magischen Mittel ausgeschöpft zu haben.
- Du musst konzentriert und nicht in Eile sein.

Zuerst „lädst" du die Kerze mit deinem Ziel und deiner auf dieses Ziel konzentrierten Energie. Es gibt mehrere Möglichkeiten, dieses Aufladen zu erreichen:

- Du verwendest das Energieritual für Hexenwerkzeuge.
- Du visualisierst dein Ziel und die daraus resultierenden Konsequenzen und konzentrierst dich drei Minuten ganz stark darauf.
- Du ritzt mit einem kleinen Messer deine Absicht und dein Ziel in das Wachs der Kerze.

Wenn du die letzte Möglichkeit wählst, achte darauf, dass deine Formulierungen nicht allzu vage sind. „Liebe" ist zu unpräzise, wenn du dir wünscht, dass ein Junge aus deiner Umgebung dich endlich einmal bemerkt!

Deine magischen Rituale

Danach reibst du die Kerze – die noch nicht brennt! – mit dem aromatischen Öl ein. Achte dabei auf Folgendes:

Wenn du dir ein bestimmtes Ereignis oder eine bestimmte Stärke wünschst oder wenn du willst, dass die brüchige Freundschaft zu deiner besten Freundin wieder auflebt, dann muss sich deine Hand beim Verreiben des Öls von unten nach oben bewegen.

Wenn du dir wünschst, dass eine bestimmte Schwäche dich endlich verlässt oder ein Zustand, der dich quält, endlich aufhört, dann muss sich deine Hand von oben nach unten bewegen.

Die getrockneten Kräuter kannst du unter das Öl mischen, um seine Kraft noch einmal zu verstärken.

Nun zünde die Kerze an.

- Du kannst sie mit ausgestrecktem Arm vor deinen Körper halten.
- Du kannst sie auf deinen Altar stellen.
- Du kannst sie auf einen einfachen Tisch in einem Raum stellen.

Mit dem Rauch wirst du deinen freigesetzten Wunsch nach oben steigen sehen. Du kannst mit einer Feder, das Symbol für Luft, nachhelfen.

Dazu sagst du:

> *Sende meinen Willen hoch und höher,*
> *Auf dass seine Wirkung stark sei,*
> *Auf dass seine Wirkung lang sei.*
> *Jeder Tag, der vergeht,*
> *Wird mich näher zu meinem Ziel bringen.*
> *So sei es.*

Die Kerzenmagie kannst du mit jedem dir bekannten Zauberspruch anwenden. Es geht darum, deine Energie auszusenden und dafür einen Träger zu finden. In der Kerze werden die Elemente Feuer und Luft repräsentiert, die dir helfen, deinen Wunsch stark werden zu lassen.

Die Spiegelmagie

Spiegelmagie ist eine Art der Magie, die ich dir sehr ans Herz legen möchte. Wenn du dich schlecht fühlst, mit dir selbst nicht im Reinen bist, dann kann dir diese magische Handlung helfen. Oft fühlt man sich, gerade wenn man jung ist, besonders hässlich und unscheinbar. Deine Umwelt kann das oft nicht verstehen, denn sie sehen dich tatsächlich so, wie du bist. Aber für dich sind alle anderen schöner und liebenswerter, und du stellst dich ständig in Frage. Dann schau dir diesen Zauber genau an. Ich hoffe, er hilft dir oder einer deiner Freundinnen.

Der Spiegel soll dir helfen, über die äußerliche Hülle hinaus zu sehen. Eine Fähigkeit, die wir als Hexen besonders entwickeln sollten.

Nimm dir für diesen Zauber mindestens eine Stunde Zeit und suche einen ruhigen Ort auf. Du kannst die Spiegelmagie ohne deinen Altar ausführen, solltest aber unbedingt einen magischen Kreis ziehen.

Du benötigst:

- Einen Spiegel (Größe und Form sind nicht wichtig).
- Einen Esslöffel Rosenwasser (aus der Drogerie).
- Einen Teelöffel Kamille.
- Einen Teelöffel Anis.

Die Kräuter und das Rosenwasser vermischst du in einer Schale. Du kannst die Kräuter auch mit einem Mörser und einem Stößel vorher zerstampfen, dann mischen sie sich leichter mit dem Rosenwasser.

Deine magischen Rituale

Nun reibst du den Spiegel mit dieser Mischung ein.

Dabei sagst du:

Spiegel, sieh meine Schwächen, sieh meine Stärken,
Zeig mir die Schönheit, die in mir liegt.
In deinem Bild will ich mich sehen,
So wie ich bin, so will ich sein.
Dies ist mein Wille.
So sei es.

Der einfache Spiegel wird nun ein magischer sein. Schau dich im Spiegel an. Schau nacheinander die Merkmale deines Gesichtes an, die dir nicht gefallen. Versuche zu beschreiben, warum sie dir nicht gefallen. Sag nicht einfach: Meine Nase ist zu groß! Sondern erklär, warum sie zu groß ist. Weil deine Schwester eine kleinere hat? Weil deine Lieblingsschauspielerin eine kleine Stupsnase hat? Nun urteile selber: Sind die Begründungen überzeugend?

Dann konzentriere dich auf all die Merkmale, die dir gut gefallen. Versuch dich zu erinnern: Haben die Freundinnen nicht schon gesagt, dass du schöne Augen hast, dass sie dich darum beneiden? Gefällt dir deine Nase nicht eigentlich recht gut? Haben deine Eltern dir nicht schon oft gesagt, dass dies oder das an dir schön ist?

Nun geh zu deinen Charaktereigenschaften über. Was magst du an dir? Bist du verlässlich? Hilfsbereit? Optimistisch? Freundlich? Liste deine positiven Eigenschaften auf.
Nun zu deinen schlechten Eigenschaften: Was ärgert dich – nicht nur einmal, sondern öfter? In welcher Situation hast du deiner Meinung nach nicht richtig gehandelt? Jetzt versuche, dir die gleiche Situation noch einmal zu vergegenwärtigen: Wie hättest du gerne gehandelt? Was hat dich daran gehindert? Du wirst sehen, beim nächsten Mal wird es viel einfacher sein, nach deinen Idealvorstellungen zu handeln!

Nun gehst du zum Bild, das die anderen von dir haben. Was schätzen deine Freunde an dir? Wann holen sie sich Rat von dir? Was loben sie an dir? Liste diese Eigenschaften auf.

Nun lege den Spiegel beiseite und wähle unter den aufgelisteten guten Eigenschaften drei aus, die dir besonders gefallen. Konzentriere dich auf diese drei Eigenschaften. Atme ruhig und gleichmäßig.

Der Zauber hat nun gewirkt. Zum Schluss hebst du den magischen Kreis wieder auf.

Den magischen Spiegel darfst du für keinen anderen Zweck als Zauber benutzen. Deshalb solltest du ihn auch gut verstauen und vielleicht sogar wegschließen, damit ihn kein anderer deiner Familie oder Freunde benutzen kann.

Die Entscheidungsmagie

Zauberei kann keine Wunder bewirken, das weißt du jetzt. Aber oftmals kann ein kleiner Hinweis genügen, wenn du zwischen zwei Möglichkeiten zögerst, wenn du nicht weißt, in welche Richtung du gehen sollst, wie du dich entscheiden sollst. In diesem Fall kannst du mit der Kraft der vier Elemente arbeiten, die du in einem Ritual um ein Zeichen bittest.

Du solltest im Vorfeld alle nicht-magischen Mittel ausgeschöpft haben. Wenn man Schwierigkeiten hat, zu einer Entscheidung zu kommen, dann hilft oftmals ein klärendes Gespräch mit deinen Freunden oder deinen Eltern mehr als jede Magie. Doch wenn du dir über alle Aspekte des Problems im Klaren bist und es nun darum geht: Soll ich oder soll ich nicht?, dann kann ein wenig Magie sehr interessant sein.

Aber denke immer daran, es ist nur ein Zeichen, und Zeichen sind nicht unbedingt verlässlich. Es ist an dir, dem Zeichen die richtige Interpretation zu geben!

Element Luft

Element Luft

Nimm eine helle und eine dunkle Feder. Die helle Feder soll ein „Ja" repräsentieren, die dunkle ein „Nein". Lege nun beide Federn auf deinen Altar. Dein Athame legst du zwischen beide Federn und lässt es mit einem Schubs rotieren wie einen Kreisel. Währenddessen stellst du deine Frage. Wenn die Klinge auf die weiße Feder zeigt, ist die Antwort positiv, wenn sie auf die schwarze zeigt, negativ.

Element Wasser

Element Wasser

Stell eine Schale in den Garten, auf den Balkon, auf das Fensterbrett – kurz, da, wo sie nachts draußen stehen und sich mit Regenwasser füllen kann. Rühre sie erst wieder an, wenn sie voll ist. Das so gesammelte Wasser füllst du in deinen Kelch – oder die Schale – auf deinem Altar. Während dieser Zeit pflückst du ein Blatt von einem Baum.

Du legst das Blatt in den Kelch mit Regenwasser. Achte darauf, dass das Blatt klein genug ist, um frei auf der Oberfläche des Wassers schwimmen zu können, ohne an den Rand zu stoßen. Dann entzündest du eine blaue Kerze.

Du konzentrierst dich und denkst über die Frage nach, die dich beschäftigt. Dann bläst du die Kerze aus.

Dann schau nach dem Blatt. Wenn es nicht den Rand berührt, ist die Antwort „Nein", wenn es den Rand des Kelches berührt, ist die Antwort „Ja".

Element Erde

Element Erde

Suche sieben dunkle Steine und sieben helle. Fülle eine große Schale mit Erde und vergrabe die Steine darin. Bei jedem Stein, den du mit Erde bedeckst, stellst du deine Frage.

Dann entzünde eine weiße Kerze und setze dich im Lotus- oder Schneidersitz vor die Schale, Hände auf den Knien, Handflächen nach oben. Konzentriere dich und denke über die bevorstehende Entscheidung nach. Atme ruhig und gleichmäßig.

Dann drehst du die Schale mit geschlossenen Augen dreimal im Uhrzeigersinn. Halte die Augen weiterhin geschlossen, denk an deine Frage und lasse die rechte Hand in die Erde gleiten. Den dritten Stein, den deine Hand berührt, ziehst du. Wenn er schwarz ist, ist die Antwort „Nein", ist er weiß, lautet die Antwort „Ja".

Element Feuer

Element Feuer

Räume deinen Altar leer – bis auf drei Kerzen, eine weiße, eine schwarze und eine graue. Achte darauf, dass sie nicht zu groß sind, denn sie sollen am Ende der magischen Handlung ausbrennen. Gleichzeitig ist es wichtig, dass sie gleich groß sind. Du ziehst einen magischen Kreis. In dem Kreis reibst du die Kerzen mit Rosmarinöl ein. Entzünde die Kerzen und konzentriere dich auf deine Frage. Dabei schaust du nacheinander in die Flammen der drei Kerzen.

Wenn du in die Flamme der weißen schaust, stell dir die positiven Konsequenzen deiner Entscheidung vor, nicht nur für dich, sondern auch für deine Umgebung.

Wenn du in die Flamme der schwarzen Kerze schaust, versuche, die negativen Konsequenzen vorauszusehen. Hast du wichtige Dinge übersehen, die später zum Tragen kommen und der Entscheidung eine ganz andere Wendung geben könnten? Könntest du mit deiner Entscheidung jemandem schaden?

Wenn du die graue Kerze anschaust, fragst du dich, ob der richtige Zeitpunkt für eine solche Entscheidung gekommen ist oder ob du vielleicht anders einfacher und selbstverständlicher deinen Weg finden würdest.

In der letzten Kerze, die ausbrennt, liegt deine Antwort.

Deine magischen Rituale

DEIN TALISMAN

Ein Talisman ist ein sehr persönlicher Gegenstand. Er ist für dich über eine lange Zeit – vielleicht dein Leben lang – ein Gegenstand, der dir Glück bringt und dessen Kontakt dir in schwierigen Situationen Mut macht und dir zu einer optimistischen Einstellung verhilft. Wie das funktioniert? Indem du ihm deine positive Energie überträgst und ihn zum Träger dieser Energie machst. Der Kontakt mit dir und deinem Körper kann dir diese Energie bei Bedarf zurückgeben oder die entsprechenden Energieströme anstoßen.

Ein Talisman kann beinahe alles sein: Ein Stück Stein, eine kleine Puppe, ein Pullover, ein Ring usw. Wichtig ist, dass dir dieser Gegenstand am Herzen liegt und gute Erinnerungen in dir wachruft.

Ein Talisman alleine kann nicht zaubern. Du trägst ihn nicht heute am Körper und morgen bestehst du die wichtige Prüfung, vor der du Angst hattest, oder triffst die große Liebe deines Lebens. Aber er hilft dir, deine Energie zu konzentrieren und die richtigen Entschlüsse zur rechten Zeit zu fassen, den Mut aufzubringen, der dir so oft gefehlt hat.

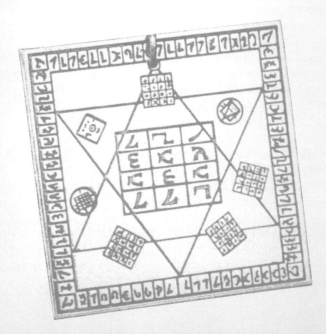

DER TALISMAN-ZAUBER

Ein Halsband ist ein sehr praktischer Talisman. Du kannst ihn als Schmuck tragen, ohne dass es auffällt. Den Zauber kannst du selbstverständlich mit jedem anderen Gegenstand durchführen. Wichtig ist einzig und allein der Strom der Energie, der von dir zum Gegenstand fließt.

Du benötigst:

- Einen Stein mit einem Loch in der Mitte (den bekommst du in jedem Esoterik-Laden).
- Ein Lederband.

Du ziehst den magischen Kreis und setzt dich in seine Mitte in den Lotus- oder Schneidersitz, Hände auf den Knien, Handflächen nach oben.

Du stellst dir eine Situation vor, in der du dich sehr wohl gefühlt hast. Das muss nichts Außergewöhnliches sein, sondern einfach ein kurzes Glücksgefühl, z.B. in einer warmen Badewanne nach einem anstrengenden Tag, das erste Mal im Sommer, wenn du ein Bad im Meer nimmst, das letzte Mal, als du nach den Ferien deine Freunde wiedergesehen hast.

Jetzt nimmst du den Stein in beide Hände und bleibst im Geist bei dieser Situation. Du atmest ruhig und gleichmäßig.

Dann sagst du:

> Dieser Stein soll ein Teil von mir sein,
> Auf dass er das Glück, das ich fühle, in sich trage.
> In dreifacher Stärke.
> Dies ist mein Wille, also geschehe es.

Du sagst den Spruch dreimal. Dann stehst du auf, ziehst das Lederband durch das Loch in der Mitte des Steins und legst das Band um den Hals.

Wenn du Hilfe und Energie benötigst, dann lege deine Hand auf den Stein und spüre die positive Energie.

Deine magischen Rituale

MEINE RITUALE

Meine Rituale: _____

_____

_____

_____

_____

_____

_____

_____

_____

_____

_____

So wirken sie am besten: _____

_____

_____

_____

_____

_____

_____

_____

_____

Meine Rituale

Meine Rituale:

So wirken sie am besten:

MEINE BESTEN ANRUFUNGEN UND ZAUBERSPRÜCHE

Zaubersprüche sind für dich sehr wichtig. Wir glauben an die Kraft der Worte und an ihre Fähigkeit, positive – wie auch negative – Energien zu tragen und auszusenden. In den Sprüchen während einer magischen Handlung oder eines Rituals konzentrierst du deine Gedanken. Und das ist ja ganz wichtig für den Erfolg eines Zaubers!

Ich werde dir hier einige meiner besten Zaubersprüche sagen und hoffe, dass sie bei dir genauso gut wirken wie bei mir. Einige sind mir von meiner Großmutter und meiner Mutter weitergegeben worden, andere habe ich in meiner Hexenlaufbahn gefunden, erfunden und erprobt. Ich habe für viele meine eigenen Worte gefunden, wie meine Vorfahren vor mir schon ihre eigenen Zaubersprüche entwickelt haben. Tu das gleiche! Probiere die Sprüche in diesem Buch aus und schreibe deine eigenen. Wenn sie funktionieren, behalte sie nicht für dich, sondern gib sie einer Freundin weiter!

Es gibt keine festgeschriebenen, in Stein gemeißelten Worte für einen Zauber. Für einen Treuezauber wirst du einmal diese Worte finden, ein anderes Mal eine Hexe treffen, die für genau den gleichen Zauber einen anderen Spruch aufsagt. Das ist nicht schlimm! Wichtig ist immer die Energie, die du in deinen Zauber legst, und oft musst du gerade dafür deine eigenen Worte finden. So entstehen Zaubersprüche.

Meine besten Anrufungen und Zaubersprüche

Der Glückszauber

Glück kann man natürlich immer gebrauchen. Aber Glück kannst du auch mit keinem Zauber der Welt herbeirufen! Der Glückszauber wirkt aber da, wo dir immer das klitzekleine Quentchen „Glück" fehlt, damit die Dinge für dich gut laufen. Du arbeitest also an der positiven Energie, die du aussendest, um die Ereignisse, die um dich herum geschehen, in deine Richtung anzustoßen.

Zu Beginn des Zaubers musst du dir genau über die Situation im Klaren sein, in der der Glückszauber wirken soll. Stell dir die Umstände genau vor: Was ist heute, was soll anders werden? Stell dir vor, was die Konsequenzen aus dieser Änderung sein werden. Willst du das wirklich? Kommt keiner zu Schaden?

Dann beginne mit dem Zauber.

Du ziehst den magischen Kreis.

Nimm eine kleine und eine größere Schale. Fülle Wasser in die kleine Schale. Nun reinigst und weihst du das Wasser mit den Worten:

> *Element Wasser, ich rufe dich.*
> *Auf dass alle negative Energie gebannt wird.*
> *Und nur die positive Energie übrig bleibt.*
>
> *Dies ist mein Wille, deshalb geschehe es.*

Danach lädst du eben dieses Wasser mit deinem Willen. Dazu konzentrierst du dich, wie du es gelernt hast, bis du ruhig und gleichmäßig atmest. Dann sagst du:

> *Auf dass mein Geist übergehe auf dieses Wasser,*
> *Auf dass das Element meinen Willen trage,*
> *Auf dass meine Energie sich verdreifache und sich lenken lasse.*
> *Glück gebe von nun an den Anstoß.*
>
> *Dies ist mein Wille, also geschehe es.*

Daraufhin lässt du das Wasser langsam von der kleinen Schale in die große fließen. Du sagst erneut:

Dies ist mein Wille, also geschehe es.

Und lässt das Wasser wieder von der großen in die kleine Schale fließen. Das Ganze machst du dreimal.

Dann stellst du beide Schalen zurück auf deinen Altar und konzentrierst dich erneut – wie zu Beginn – auf die konkrete Situation, in der das Glück den Anstoß geben soll.

Du öffnest deinen magischen Kreis.
Damit ist der Zauber ausgesandt und beendet.

Der Erfolgszauber

Erfolg ist relativ, das ist dir hoffentlich klar. Was für dich wie ein Erfolg aussieht, ist für einen anderen zur gleichen Zeit ein Misserfolg. Deshalb musst du bei diesem Zauber besonders genau darauf achten, dass du alle Konsequenzen bedenkst und keinem schadest. Wenn du allerdings eine schwere Prüfung vor dir hast oder dir ein Vorstellungsgespräch für einen Job bevorsteht, ist dies der richtige Zauber.

Du bereitest dich mental vor und ziehst deinen magischen Kreis.

Du benötigst:

- Ein grünes Baumblatt.
- Eine gelbe Blume.
- Eine blaue Blume.
- Eine Schale.
- Eine Handvoll Erde.
- Einen Briefumschlag.

Meine besten Anrufungen und Zaubersprüche

Du hältst das grüne Blatt in der linken Hand mit ausgestrecktem Arm vor dich hin und sagst:

Das grüne Blatt soll mir Glück bringen.

Du behältst das Baumblatt in der Hand und nimmst ein Blüten-blatt der gelben Blume. Du streckst es in die Luft und sagst:

Die gelbe Blume beschwört den Erfolg.

Du nimmst jetzt ein Blütenblatt der blauen Blume zu den anderen und sagst:

Die blaue Blume steht für meinen Willen, der dem Erfolg zugrunde liegt.

Du legst alle drei zusammen in die Schale, streust langsam die Erde über sie und sagst:

Ich bedecke euch mit Mutter Erde,
Auf dass sie mich daran erinnert,
Dass ich es bin,
Die am Ursprung meines eigenen Erfolges steht.

Konzentrier dich auf die Schale und sprich den letzten Spruch insgesamt dreimal. Während du das tust, stell dir die Situation, in der du Erfolg haben willst, genau vor.

Danach legst du die Blüten und das Blatt mit der Erde in einen Briefumschlag. Diesen Umschlag solltest du gut verwahren, denn wann immer du ein Gefühl der Stärke für eine schwere Aufgabe benötigst, kannst du ihn in die Hand nehmen und dich konzen-trieren. Seine Energie wird auf dich übergehen.

Der Abwehrzauber

Manchmal wirst du das Gefühl haben, dass du „verhext" bist. Wenn du dieses Buch aufmerksam gelesen hast, dann weißt du jetzt: Das gibt es nicht. Aber dennoch spürst du förmlich, dass eine bestimmte Person aus deiner Klasse oder deinem Sportklub dir nicht wohl gesonnen ist. In ihrer Anwesenheit fühlst du dich deshalb unsicher und angespannt. Wenn du bereits versucht hast, die verfahrene Lage durch Gespräche zu lösen und deine Freunde dir nicht weiterhelfen können, dann kannst du in dieser Situation den Abwehrzauber von schlechten Wünschen anwenden. Achtung: Diesen Zauber kannst du nur draußen in der freien Natur ausführen!

Du benötigst:

- Ein Blatt Papier.
- Einen Stift.
- Einen Stein.

Gehe jetzt so vor:

Nimm ein Blatt Papier und einen Stift und suche dir einen ruhigen Platz im Garten, im Wald oder in einem Park in deiner Nähe. Wichtig ist, dass dieser Platz unter einem Baum liegt.

Du ziehst den magischen Kreis.
Du konzentrierst dich und stellst dir mehrere Situationen vor, in denen du die negative Energie der Person gespürt hast.

Meine besten Anrufungen und Zaubersprüche

Du nimmst das Blatt Papier und schreibst den Namen der Person darauf. Jetzt wickelst du das Blatt Papier um einen Stein, der in deinem magischen Kreis liegt. Dann konzentrierst du dich auf den Stein und sagst:

> *Wer auch immer mich kränken oder mir schaden möchte,*
> *Soll wissen, dass er sich selber schadet.*
> *Denn alles, was ausgeht, kommt dreifach zurück.*
> *Drum gib mir, oh Erde, die Kraft der inneren Stärke*
> *Wie eine Rüstung um meine Seele,*
> *Um zu lösen die negativen Bande.*
>
> *Dies ist mein Wille, also geschehe es.*

Dann vergräbst du den Stein in der Erde unter dem Baum.

Du konzentrierst dich erneut auf die gleiche Situation, die du dir zu Beginn des Zaubers vorgestellt hast. Versuche, die positive Energie zu spüren, die du um dein Inneres gelegt hast.

Dann löst du den magischen Kreis.

Übung:
Denke dir für den Abwehrzauber einen eigenen Zauberspruch aus. Was drückt deine Gefühle noch besser aus als mein Zauberspruch? Denke an die konkrete Situation, die dich bedrückt, und formuliere deine Gedanken. Es ist nicht schlimm, wenn zuerst kein Spruch entsteht. Lass den Worten freien Lauf. Versuche dann, dich immer kürzer zu fassen, immer präziser zu werden, die Worte zu finden, die dein Empfinden genau ausdrücken. So kommst du zu deinen besten Zaubersprüchen!

Der Morgenmuffelzauber

Morgenmuffelei kann sehr lästig sein, wenn du nicht frei entscheiden kannst, wann du aufstehst. Ein kleiner, aber effizienter Zauber kann dir helfen, die Energien, die dir morgens fehlen, wachzurufen.

Du benötigst:

- Pfefferminzöl.
- Einen Duftstein.
- Eine Schale Wasser, die du am Vortag im Tageslicht hast stehen lassen.

Du ziehst den magischen Kreis.
Jetzt tropfst du das Pfefferminzöl auf den Duftstein.
Dann setzt du dich im Lotussitz – oder Schneidersitz – in die Mitte des Kreises, Hände auf den Knien, Handflächen nach oben und konzentrierst dich solange, bis du den Duft der Pfefferminze gut riechen kannst.

Du stellst dich aufrecht und atmest tief ein, während du beide Arme langsam gestreckt über den Kopf hebst. Dann lässt du die Arme wieder fallen – ganz nach unten vor deine Füße, indem du den Oberkörper abknickst. Während dieser Bewegung atmest du heftig aus. Diesen Bewegungs- und Atmungsablauf wiederholst du dreimal dreimal (also insgesamt neunmal).

Dann nimmst du die Schale Wasser und sagst:

> *Energie der Sonne, gib mir Kraft,*
> *Stärke mich und mein Inneres.*
> *Strahle durch mich durch den ganzen Tag.*
>
> *Dies ist mein Wille, also geschehe es.*

Meine besten Anrufungen und Zaubersprüche

Dann betupfst du dir erst die linke, dann die rechte Schläfe mit dem Wasser und zuletzt die Stirn.

Dann wiederholst du den Bewegungs- und Atmungsablauf wie vorher dreimal.

Du öffnest den Kreis und kannst deinen Tag frisch beginnen.

DER PRÜFUNGSANGSTZAUBER

Prüfungsangst ist schlimm. Vor allem, wenn du weißt, du kannst alles und hast dich gut vorbereitet. Doch im entscheidenden Augenblick ist dein Kopf wie leer gefegt, du bist nervös und kannst dich nicht auf dein Wissen konzentrieren. Das liegt an der Anspannung und ist völlig normal. Viele sehr intelligente und erfolgreiche Leute leiden unter Prüfungsangst und haben schon oft von einem solchen Black-out berichtet. Mit diesem Zauber habe ich gute Erfahrungen gemacht. Er hat mir oft geholfen – auch bei Vorstellungsgesprächen für einen Job. Voraussetzung ist natürlich immer, dass du dich gut vorbereitet hast – denn wo kein Wissen ist, da kann auch der entspannteste Geist auf nichts zurückgreifen!

Du benötigst:

- Geraniumöl für Mädchen.
- Bergamotteöl für Jungen.
- Einen Duftstein.
- Eine Feder.

Du ziehst den magischen Kreis. Du träufelst das Öl auf den Duftstein.

Dann setzt du dich in den Lotus- oder den Schneidersitz, Hände auf den Knien, Handflächen nach oben und beginnst, dich zu konzentrieren.

Stell dir die bevorstehende Situation vor, ganz konkret. Schrecke nicht vor den Details zurück, die dir Angst machen, sondern versuche, dir alles genau auszumalen. Den Lehrer, die Fragen, das leere Blatt Papier vor dir, das gefüllt werden will.

Dabei musst du immer ruhiger und ruhiger werden, immer gleichmäßiger atmen. Zähle für jeden Atemzug erst auf drei, dann auf vier, dann auf fünf – bis du bei acht angelangt bist.

Dann stell dir vor, du schwebst. Du gleitest durch die Luft, als wärest du schwerelos.

Du nimmst die Feder und „wischst" die Luft von deinem Körper fort, als wolltest du negative Energie von dir weg dirigieren.

Dabei sagst du:

> Mein Geist ist leer.
> Meine Seele ist frei von Angst und Stress.
> Mein Körper ist voller Energie.
> Element Luft, gib mir die Kraft und die Ausdauer,
> Mich gut vorzubereiten.
> Mein Wissen wird wachsen, meine Stärke mit ihm.
>
> Dies ist mein Wille, also geschehe es.

Sag diese Worte dreimal.

Atme ruhig und gleichmäßig.

Jetzt gehe an deine Arbeit. Deine Angst wird dich am Tage der Prüfung nicht mehr quälen.

Der Schlechte-Angewohnheiten-Zauber

Schlechte Angewohnheiten und kleine Schwächen hat jeder. Du siehst zu viel fern, isst zuviel Süßigkeiten, kaust Fingernägel, gehst zu spät ins Bett. Du hast sicher schon einiges dagegen unternommen. Manches hast du erfolgreich in den Griff bekommen, anderes „ist einfach stärker als du". Die Macht der Gewohnheit? Die kannst du brechen. Mit deinem Willen.

Du benötigst:

- Eine rote Kerze.
- Einige getrocknete Salbeiblätter.
- Ein Einmachglas.
- Einen Gegenstand, der das repräsentiert, was du aufgeben willst. Ein Stück von deinem Fingernagel für das Kauen der Nägel, ein Stück Schokolade für deine Schwäche für Süßigkeiten, oder – eher symbolisch – ein Stück von einer Fernsehzeitung für das stundenlange Hocken vor dem Fernseher.

Wichtig ist bei diesem Zauber, dass du das, was du herbeizaubern möchtest, auch tatsächlich willst. Schlechte Angewohnheiten nimmt man manchmal auf die leichte Schulter. Es wäre zwar besser, wenn man sie los wäre, aber viel dagegen tun möchte man nicht. Im Gegenteil: Du musst deine ganze Motivation in den Zauber legen, denn schlechte Gewohnheiten sind schwer zu brechen.

Du ziehst deinen magischen Kreis. Du entzündest die rote Kerze. Dann entzündest du die Salbeiblätter in der Räucherschale. Vorsichtig löschst du die Flamme und lässt die Blätter weiterkohlen, so dass sich Rauch entwickeln kann.

Du nimmst die Schale mit dem Salbei und gehst deinen magischen Kreis im Uhrzeigersinn ab, damit sich der Rauch um dich herum verteilt. Dann stellst du sie in der Mitte des Kreises ab.

Halte das Einmachglas mit der Öffnung nach unten über den Rauch, so dass dieser in das Glas dringen kann. Anschließend legst du den Gegenstand, der deine schlechte Angewohnheit repräsentiert, in das Glas und schließt den Deckel.

Dann sagst du:

> *Geist, gebe mir die Kraft, meinen Entschluss durchzuhalten.*
> *Geist, gebe mir die Klarsicht zu sehen, dass ich mir selber schade, wenn ich aufgebe.*
> *Geist, hilf mir, der Versuchung zu widerstehen.*
>
> *Dies ist mein Wille, also geschehe es.*

Dann öffne den Kreis und verstaue das Einmachglas mit deinen Hexenwerkzeugen.

Wenn du tatsächlich einmal der Versuchung erliegen solltest, dann wiederhole den Zauber mit einem neuen Glas. Solltest du aber mehr als drei Gläser auf deinem Altar versammeln, solltest du auf den stärkeren Veränderungszauber zurückgreifen!

Meine besten Anrufungen und Zaubersprüche

DER VERÄNDERUNGSZAUBER

Manchmal kommst du mit einem einfachen Schlechte-Angewohn-heiten-Zauber nicht weiter. Die Versuchung ist zu groß, und du kannst ihr nicht immer widerstehen. Dann brauchst du einen stärkeren Veränderungszauber!

Du benötigst:

- Eine Glocke.
- Gelben, braunen und weißen Faden, den du zu einem Stück Kordel zusammenflichst, ca. 5 cm.
- Einen Stock von einer Weide, ca. 5 cm.
- Getrockneten Salbei für deine Räucherschale.

Binde die Glocke an die Kordel und diese wiederum an beide Enden des Weidenstock, so dass ein Armband entsteht.

Dann ziehst du deinen magischen Kreis.

Du entzündest den Salbei in deiner Räucherschale. Halte nun deine Hände, am Handgelenk das Armband, über den aufsteigenden Rauch.

Dann sagst du diese Fragen:

Was will ich ändern?
Warum will ich es ändern?
Wie will ich es ändern?

Nimm dir zwischen den einzelnen Fragen Zeit und konzentriere dich. Atme ruhig und gleichmäßig. Die Antworten auf die Fragen sollen sich von alleine in deinem Geist formen.

Du kannst an diesen Zauber noch einen Zeitzauber anschließen, um die Veränderung schneller voranzutreiben. Du gehst einen Schritt von der Räucherschale weg, hebst die Arme zum Himmel und sagst:

> *Fluss der Zeit, mach dich nun wieder auf die Reise*
> *Und drehe dich nicht länger nur im Kreise,*
> *Schieb die Gegenwart voran,*
> *Lass morgen heute sein sodann.*
>
> *Dies ist mein Wille, also geschehe es.*

Dann hebst du den Kreis auf.

Das Armband bewahrst du so auf, dass du es jeden Tag mindestens einmal sehen kannst, denn es soll dich an deinen festen Willen erinnern.

DER LIEBESZAUBER

Auf diesen Zauber hast du sicher gewartet! Das Gefühl der Verliebtheit scheint uns ja oft so unerklärlich, dass wir hier ganz besonders geneigt sind, an „Zauberei" zu glauben. Und wenn die Person, in die du dich verliebt hast, deine Zuneigung nicht erwidert, leidest du auch ganz besonders. Gleichzeitig ist dies ein Zauber, dessen Wirkung oft sehr schwer einzuschätzen ist. Die Energien, die zwischen dir und der Person deiner Wahl hin und her fließen, sind vielschichtig und ständig wechselnd – sowohl wenn ihr noch kein Liebespaar seid als auch, wenn ihr schon zueinander gefunden habt. Den richtigen Anstoß zur rechten Zeit in die richtige Richtung zu geben, ist bei diesem Zauber die ganz besondere Schwierigkeit.

Meine besten Anrufungen und Zaubersprüche

Manche Leute glauben, es gibt irgendwo auf der Welt die einzig richtige Person für die Liebe und das Zusammenleben. Wenn man nicht das Glück hat, diese Person zu finden, dann bleibt man alleine oder findet sich mit der falschen Person ab. Ich glaube dagegen, man muss diese Person, die zu einem passt und einem positive Energie gibt, aktiv suchen. Suchen bedeutet dabei auch, sich Fragen zu stellen: Was gefällt dir eigentlich so gut an dieser Person? Kannst du dir euch beide zu zweit vorstellen? Denn tatsächlich: So verliebt du auch sein magst, es muss nicht der Richtige sein! Das könnte genauso gut der Typ sein, der im Klassenzimmer neben dir sitzt. Du hast ihn nur noch nicht richtig wahrgenommen.

Und so geht der Zauber:

Du benötigst:

- Stoffe und Kerzen in Farben, die für eure Beziehung charakteristisch sind.
- Ein Blatt Papier.
- Einen Stift.

Du nimmst dir mindestens eine Stunde Zeit, in der du wirklich ungestört bist.

Du dekorierst deinen Altar in den Farben, von denen du meinst, dass sie deine Gefühle für die Person am besten ausdrücken. Wenn du zu Rot und Rosa greifen möchtest, weil deine Gefühle heftig und warm sind, wenn dir Blau angemessen erscheint, weil eure Beziehung distanziert und kühl ist, dann dekoriere in Rot bzw. Blau. Wenn Schwarz und Weiß die Gegensätze eurer Beziehung und eurer Charaktere gut zum Ausdruck bringen, dann beschränke dich auf diese beiden Farben. Lass deinen Gedanken und deinen Gefühlen freien Lauf!

Nimm auch Kerzen in den von dir gewählten Farben.

Zuerst ziehst du den magischen Kreis um dich und deinen Altar.

Du nimmst das Blatt Papier und schreibst auf, in welcher Situation du dich mit der Person, in die du dich verliebt hast, gerne sehen würdest: Alleine in deinem Zimmer, bei einem Spaziergang am Strand, in einem Regenschauer im Wald oder ganz einfach zusammen bei den Hausaufgaben. Du hast dir sicher schon oft in Gedanken ein Bild von euch beiden zusammen ausgemalt!

Entzünde die Kerzen. Dann fächele die warme Luft über den Kerzen aus dem magischen Kreis um dich herum. Denke dabei ganz intensiv an die Person deiner Wünsche und sage:

> Komm (Name der Person), komm herbei.
> Meine Gedanken sind rein, meine Gefühle frei.
> Sieh mich mit neuen Augen,
> Sieh meine Schönheit, meine Stärken.
> Spüre die Macht des Schicksals,
> Das uns zusammenführt.
>
> Dies ist mein Wille, also geschehe es.

Dann falte das Papier dreimal in der Länge und lege es auf den Altar.

Du setzt dich in den Lotus- oder Schneidersitz, Hände auf die Knie, Handflächen nach oben und konzentrierst dich intensiv auf deine Sehnsucht nach der Person und auf deinen Willen, dieser Person nahe zu sein. Atme ruhig und gleichmäßig.
Dann bläst du die Kerzen aus und öffnest den Kreis.

Das gefaltete Blatt Papier muss gefaltet bleiben, bis du tatsächlich der Person nahe bist – oder auch festgestellt hast, dass ihr nicht füreinander bestimmt seid.

Dann verbrenne das Papier – ohne noch einmal hineinzuschauen!

Ein zweiter Liebeszauber

Meine Freundin – Maria May – schwört auf einen anderen Liebeszauber, den sie in ihrem Buch *Zauberpower* beschrieben hat. Ich selber habe ihn auch ausprobiert und ihn unter meine Lieblingszaubersprüche aufgenommen.

Du benötigst:

- Ein Blatt Papier.
- Einen Stift.
- Zwei rote Kerzen.
  Eine Kerze in der Sternzeichenfarbe der Person, die vom Zauber zu dir geführt werden soll.
- Rosmarinöl.
- Einen Duftstein.
- Getrockneten Rosmarin.
- Drei rote Rosenblätter.
- Um den Zauber zu verstärken, kannst du einen Rosenquarz verwenden.

Du benötigst darüber hinaus ein Stück von der Person, auf die sich der Zauber konzentrieren soll: ein Stück Fingernagel z. B. oder ein Haar. Das sollte unauffällig geschehen, du musst also die nötige Geduld aufbringen.

Du ziehst den magischen Kreis um dich und deinen Altar.

Zuerst schreibst du deinen eigenen Namen auf das Blatt Papier, dann drehst du es auf den Kopf, schreibst den Namen der Person unter deinen und ziehst einen Kreis um eure Namen.

Du legst das Blatt auf deinen Altar und entzündest die Kerzen, die Sternzeichenkerze zuletzt. Du gibst zwei Tropfen Rosmarinöl auf den Duftstein und entzündest die Rosmarinkräuter in deiner Räucherschale. Während der Rauch aufsteigt und der Duft sich verteilt, legst du das erste Rosenblatt in den Kreis um die Namen auf dem Blatt Papier und sagst:

> *Suchst du mich,*
> *Dann steh ich hier.*
> *Liebst du mich,*
> *Gehör ich dir.*

Danach legst du das zweite Rosenblatt in den Kreis und wiederholst die Formel. Du gibst weitere zwei Tropfen Rosmarinöl auf den Duftstein. Anschließend legst du das dritte Rosenblatt in den Kreis, hältst beide Hände mit den Handflächen nach unten über den Kreis und die Rosenblätter und sprichst die Worte ein drittes Mal.

Wenn du möchtest, kannst du noch zusätzlich den Rosenquarz in den Kreis legen; das verstärkt den Zauber!

Du löschst zuerst die Sternzeichenkerze, dann die anderen.

Du hebst den magischen Kreis auf.

Dein Zauber beginnt zu wirken.

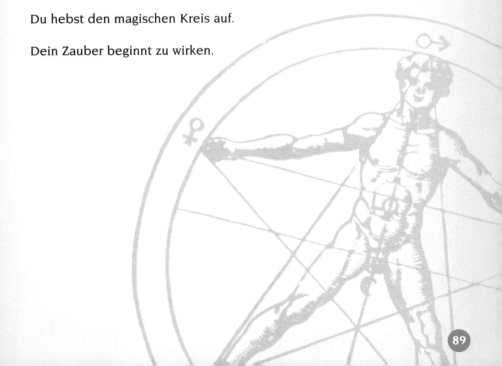

Meine besten Anrufungen und Zaubersprüche

DER FREUNDSCHAFTSZAUBER

Der Freundschaftszauber ist wie der Liebeszauber ein schwerer Zauber. Freundschaft ist ein komplexer Strom von Energie, der zwischen zwei Menschen fließt, die in Freundschaft verbunden sind. Wenn du einen Zauber ausübst, um wahre und treue Freundschaft zu erreichen, dann darfst du nicht nur an die andere Person denken und an das, was diese alles für dich tun soll. Freundschaft beruht auf Gegenseitigkeit, und das bedeutet, dass du genauso darüber nachdenken musst, was du für deine Freunde tun kannst. Nur so kann der Zauber wirken.

Du benötigst:

- Getrockneten Fenchel für deine Räucherschale (alternativ kannst du dir auch einen Fencheltee brauen).
- Eine Schale Wasser.
- Zehn Rosenblütenblätter.
- Ein Foto deines Freundes.

Du ziehst den magischen Kreis. Du entzündest den getrockneten Fenchel in der Räucherschale oder trinkst einen Schluck Fencheltee.

Du legst das Foto des Freundes auf den Altar. Du setzt dich vor die Schale mit Wasser und schaust konzentriert auf die Oberfläche. Atme ruhig und gleichmäßig.

Jetzt lass deine Gedanken zu deinem Freund wandern. Du legst langsam nacheinander alle Rosenblütenblätter auf die Wasseroberfläche. Dabei stellst du dir Situationen vor, in denen du mit deinem Freund zusammen bist. Was tut ihr gerne zusammen? Wobei soll dein Freund dich unterstützen? Wie sollte er das tun? Was kannst du für deinen Freund tun? Wo könnte er deine Unterstützung gebrauchen?

Dann nimm die Schale in beide Hände und sag:

> *Wie mein Inneres ist auch mein Äußeres,*
> *Offen liegen alle meine Schwächen und Stärken.*
> *Mein Wunsch ist rein*
> *Und ohne Hintergedanken,*
> *Nur unsere Freundschaft zählt.*
> *Vertraue mir, denn ich vertraue dir,*
> *Verbunden soll'n wir sein auf ewig.*
>
> *Dies ist mein Wille, also geschehe es.*

Dann nimmst du die Rosenblätter aus der Schale und legst sie auf das Foto deines Freundes. Du lässt sie dort langsam trocknen.

Dann hebst du den magischen Kreis auf.

Versuche dann, eine gute Freundin zu sein. Eure Freundschaft wird fester denn je sein.

Übung:
Probiere den Freundschaftszauber auch einmal gemeinsam mit deinem Freund oder deiner Freundin aus. Das verstärkt den Zauber. Unterhaltet euch vorher darüber, worum es euch bei dem bevorstehenden Ritual geht. Es ist nicht schlimm, wenn für jeden von euch beiden etwas anderes besonders wichtig ist.
Setzt euch nach dem Ritual noch einmal zusammen und erzählt euch, was ihr während des Zauberspruches erlebt und empfunden habt.

Meine besten Anrufungen und Zaubersprüche

DER STREIT-IN-DER-FAMILIE-ZAUBER

Wenn sich deine Familie streitet – ob untereinander oder mit dir –, dann ist das meistens ärgerlich und schlägt dir auf die Stimmung, aber es geht vorbei. Manchmal hält aber ein Streit länger an und nistet sich geradezu in deiner Familie ein. Die Stimmung ist angespannt und gereizt, und du hast das Gefühl, du kannst machen, was du willst, es wird alles falsch aufgenommen. Das ist der Augenblick für einen Streit-in-der-Familie-Zauber.

Du benötigst:

- Drei rote Kerzen.
- Getrockneten Rosmarin für deine Räucherschale.
- Bindfäden, egal welcher Farbe, in der gleichen Anzahl.
- Ein Blatt Papier.
- Einen Stift.
- Federn in der Anzahl der Mitglieder deiner Familie.

Du ziehst deinen magischen Kreis und weihst deine Werkzeuge.

Du entzündest die Kerzen und den Rosmarin in der Räucherschale. Achte darauf, dass sich der entstehende Rauch gut verteilt.

Dann nimmst du die Bindfäden und flichst sie zu einer Kordel. Du legst diese Kordel vor dich auf den Boden und setzt dich in den Lotus- oder Schneidersitz, Hände auf den Knien, Handflächen nach oben.

Die Phase der Konzentration ist bei diesem Zauber besonders wichtig. Bei einem Familienstreit sind viele verschiedene Energien beteiligt, die Ströme fließen zwischen euch in unterschiedlicher Intensität und zu unterschiedlichen Zeiten. Dies macht ja auch die positive Verbindung zwischen euch aus! Dennoch ist es nicht einfach, sich über diese komplexen Energieströme im Klaren zu werden, sich seiner eigenen Motivation im Durcheinander bewusst zu werden, um dann gezielt positive Anstöße geben zu können.

Konzentriere dich zuerst auf deine Atmung. Versuche, immer gleichmäßiger und langsamer zu atmen. Erst beginne, bis drei bei jedem Einatmen und bei jedem Ausatmen zu zählen. Dann steigere dich auf vier, dann auf fünf und so weiter, bis du bis acht beim Ein- und Ausatmen zählen kannst.

Formuliere nun einen Satz, der für dich den aktuellen Familienkonflikt am besten ausdrückt. Du bist dabei völlig frei in der Formulierung. Du kannst sagen: „Paul kann nie nachgeben", aber genauso gut auch einfach: „Scheiße!"

Jetzt stell dir nacheinander alle Familienmitglieder vor. Versuche nun, für jeden Einzelnen aus seiner Sicht einen Satz zu finden, der seine Gefühle in diesem Streit am besten zum Ausdruck bringen könnte. Wohlgemerkt: aus seiner Sicht, nicht aus deiner!

Schreibe deinen Satz ganz oben auf das Blatt Papier. Die anderen Sätze schreibst du darunter.

Du legst das Blatt neben die geflochtene Kordel vor dich hin. Konzentriere dich auf jeden Einzelnen in deiner Familie. Versuche, dich in ihn hineinzuversetzen. Dies ist eine wichtige Phase des Zaubers, lass dir Zeit.

Dann konzentrierst du dich auf dich selber. Höre in dich hinein: Wie fühlst du dich? Wie möchtest du dich fühlen?

Formuliere in einem Satz, wie du dich fühlen möchtest.

Schau in die Flamme jeder der drei Kerzen und sage diesen Satz dreimal.

Binde die Federn nun mit der Kordel zusammen, so dass ein Strauß entsteht. Damit fächelst du jeweils dreimal über jeder Kerze die Wärme nach oben, als wolltest du deine Wünsche hinaus in die Welt schicken.

Meine besten Anrufungen und Zaubersprüche

Dann sagst du:

Getrennt ist, was zusammengehört.
Doch sollen die Energien sich finden .
Zu einem Strom,
Der umso stärker
Die Einzelnen zueinander führt.
Die Liebe finde ihren Weg.

Dies ist mein Wille, also geschehe es.

Du konzentrierst dich erneut. Dann entspanne dich und löse den Kreis auf.

Deine Einstellung zu dem Familienstreit wird sich verändert haben.

DER SPASS-ZAUBER

Du willst eine Party feiern, hast alles organisiert, nette Leute eingeladen und trotzdem Angst, dass sich alle langweilen werden? Deine Freundin hat Geburtstag und lädt ein. Sie hat dir anvertraut, dass sie nervös ist, weil sie meint, es könnten sich alle gar nichts zu sagen haben?

Ich zeige dir einen kleinen Spaß-Zauber, den ich selber schon oft angewendet habe.

Du benötigst:

- Majoran und Lorbeer für die Räucherschale.
- Jasminöl für deinen Duftstein.
- Frische Petersilie.

Dieser Zauber ist ein einfacher Kräuterzauber: Majoran macht gute Laune, Lorbeer gibt Mut, und Jasmin löst schwere Gedanken.

Du ziehst den magischen Kreis – allein oder mit deiner Freundin.

Du entzündest Majoran und Lorbeer in deiner Räucherschale und träufelst einige Tropfen Jasminöl auf deinen Duftstein.

Du stellst dich gerade in die Mitte deines Kreises, hebst die Arme zum Himmel und atmest tief ein. Dann lässt du deinen Oberkörper und die Arme mit Schwung nach unten fallen, so dass die Fingerspitzen den Boden berühren. Dabei atmest du aus. Diese Bewegung machst du dreimal.
Du kaust die frische Petersilie.
Dann atme wieder ein. Strecke die Arme auf Schulterhöhe gerade zur Seite.

Du sagst:

> Ich habe den Mut, auf andere Leute zuzugehen.
> Ich fühle mich gut, andere fühlen sich wohl mit mir.
> Ich lasse alle schweren Gedanken gehen.
>
> Dies ist mein Wille, also geschehe es.

MEINE ZAUBERSPRÜCHE

Mein Zauber: Getrennte Liebende wieder ver einen
bei zunehmendem Mond mit Nadel in linken Finger
stechen! Mit Blut deine Initialen auf Stein
schreiben (Vorstellung der Vereinigung mit Geliebten)
Daneben ~~und~~ Initialen des Geliebten schreiben, 3 Kreise
um beide Initialen zeichnen (ii ii) Stein in Samt
wickeln und mit Band binden und in Erde pra
(Venus pflanze)

Ich benötige: Nadel (sterilisiert) | Wirkung korscht
Zunehmender Mond | 3 Tage und
glatter weisser Stein | 3 Nächte!!!
roter Samt
rosarotes Band
Pflanze im Topf (von Venus regiert)

Mein Spruch:
(Name des Geliebten)... komm zu mir zurück!
lass uns wieder vereint sein!
Für immer und ewig!
Unsre Liebe soll wachsen und nie zu Ende gehen
durch nichts und niemand!
(Name)... bitte komm zurück!
So dies ist mein Wille und so soll es sein.

MEINE ZAUBERSPRÜCHE

Mein Zauber: Anderes Geschlecht anzuziehen!
Tee aus den u.a. Kräutern brauen
und abseihen. 7 sieben Nächte hinter-
einander ins Badewasser geben und
baden! Sich als anziehend visualisieren!

Ich benötige: Enzian, Ringelblume, Passionsblume
Gartenraute, Veilchen

Mein Spruch: Oh ihr Götter der
Schönheit und Liebe!
Helft mir schön zu sein, auch anziehend,
für das männliche Geschlecht!
Schön, anziehend, sexy, attraktiv, und
vieles mehr will ich sein! das ist mein Wille und
so geschehe es
Oh ihr Götter ich danke euch!

MEINE WICHTIGSTEN HEIL-KRÄUTER

Wir Hexen arbeiten im Einklang mit der Natur. Viele der Werkzeuge während eines Rituals oder eines Zauberspruchs entstammen der Natur. Wir arbeiten in ihrem Rhythmus. Ganz wichtig ist dabei seit Jahrhunderten die Kenntnis der Heilkräuter. Hexen haben sich schon immer besonders gut mit Pflanzen und deren besonderer Wirkung ausgekannt, und das ist auch bei uns modernen Hexen nicht anders. Du wirst Kräuter auf vielerlei Art und Weise verwenden: Kräuter benötigst du für deine Räucherschale während der Rituale, du kannst Öle mit ihnen herstellen, du kannst dein Essen mit ihnen würzen. Wichtig ist einzig und allein, dass du ihre Wirkung kennst. Ich stelle dir hier die vor, mit denen ich am häufigsten arbeite.

Alles über Kräuter

Jedes Kraut hat seine Geschichte und seine ganz besondere Wirkung. Für uns Hexen bilden Kräuter traditionell einen wichtigen Bestandteil der Rituale und magischen Handlungen. In deiner Räucherschale lässt du sie langsam verkohlen, damit sie ihre volle Wirkung während des Zaubers entfalten. Du darfst nur getrocknete Kräuter verwenden, frische brennen schlecht und sind ungeeignet, den energiegeladenen Rauch des Krautes zu entfalten. Für einige Zauber benötigst du allerdings auch frische Kräuter.

Hier findest du die richtigen Kräuter für deinen Zauber

Sämtliche Kräuter gibt es heutzutage im Supermarkt oder auf dem Wochenmarkt. Du musst nicht mehr, wie meine Großmutter, in den Wald gehen und dir mühsam alles zusammensuchen. Eine moderne Hexe zu sein, hat auch Vorteile.

Findest du einmal ein spezielles Kraut nicht, dann wende dich an deinen Apotheker. Der arbeitet von Berufs wegen mit Kräutern und kennt sich oft besser aus als manche Hexe! Er kann dir sicher Tipps geben, worum es sich bei diesem Kraut handelt und wo du es finden kannst. Dies ist ohnehin mein Tipp: Ich kann dir in diesem Buch nicht alle Kräuter, mit denen du jemals arbeiten könntest, vorstellen. Ich beschränke mich auf die, mit denen ich immer arbeite und von denen ich denke, dass du sie unbedingt kennen musst. Wenn du auf ein dir unbekanntes Kraut triffst, sei es in einem Zauberspruch, sei es, dass eine Freundin dir die Wirkung eines Krauts ans Herz legt, dann informiere dich gründlich, bevor du es einsetzt. Kräuter sind nicht einfach Grünzeug, sondern haben bestimmte Wirkungen. Oftmals können sie auch deine Gesundheit beeinträchtigen, wenn du sie falsch einsetzt. Deshalb: Entweder in Büchern nachschlagen oder den Apotheker fragen!

Du kannst deine Kräuter selbstverständlich auch selber ziehen. Die meisten Samen gibt es in der Gärtnerei zu kaufen. Ich persönlich tue das. Auch wenn ich in der Stadt wohne und keinen Garten habe, ziehe ich meine Kräuter auf dem Balkon oder Fensterbrett. Ich kann ihnen während des Wachstums mit Weihungsritualen Energie zuführen.

So baust du deine Kräuter mit dem Mond an

Deine Kräuter werden besonders viel Energie entfalten, wenn du sie im Einklang mit dem Rhythmus der Natur pflanzt, pflegst und großziehst. Die Mondphasen und das Sternzeichen, in dem der Mond bei der Pflanzung steht, solltest du beachten!

Außer den Kräutern, die ich gleich auflisten werde, sollten alle Kräuter ausgesät werden, wenn der Neu- oder Halbmond im Zeichen des Krebses, Fisches oder Skorpions steht.

Außer:
Baldrian: Neu- oder Halbmond im Zeichen der Jungfrau oder der Zwillinge.
Knoblauch: Neu- oder Halbmond im Zeichen des Skorpions oder des Schützen.
Petersilie: Neumond im Zeichen der Fische, des Krebses und der Waage.
Salbei: Vollmond im Zeichen der Fische, des Skorpions oder Krebses.

Bitte nie am ersten Tag des Neumondes oder an dem Tag, wenn dieser zu einem Halbmond anwächst, aussäen oder anpflanzen. Achte immer genau auf deinen Mondkalender, den du dir als Hexe zulegen solltest.

Düngen und Umpflanzen solltest bei zunehmendem Mond im Zeichen des Krebses, des Fisches und des Skorpions.

Ernten dagegen bei abnehmendem Mond im Sternzeichen Wassermann, Widder, Zwilling und Löwe.

Übung:
Du hast sicher einen Lieblingszauber – aus diesem Buch oder einen eigenen. Ziehe die in diesem Zauber verwendeten Kräuter selber – nach den Grundsätzen, die ich hier aufgeführt habe. Beobachte, ob sich der Zauber mit diesen selbstgezogenen Kräutern verändert.

Die richtige Räucherschale gehört dazu

Räucherschalen gibt es im Fachhandel, oft auch in Kaufhäusern. Nimm wirklich nur Räucherschalen zum Verbrennen von Kräutern. Schalen aus Porzellan oder Ton können einer offenen Flamme nicht standhalten und zerspringen. Auch darf deine Schale nicht mit Lacken oder Farben überzogen sein, denn diese entfalten bei Hitze giftige Dämpfe. Bitte informiere dich und wähle deine Schale mit Bedacht.

Für deine ersten Rituale genügen Räucherstäbchen, denn sie repräsentieren ebenso wie die richtigen Kräuter in der Räucherschale die Elemente Feuer und Luft!

Diese Kräuter und ihre Wirkung solltest du kennen

Anis
Wirkt gegen Schüchternheit, Prüfungsangst und schlechte Gefühle im Allgemeinen. Wenn du dich nicht traust, einen Schwarm anzusprechen – ein Problem, das wir alle kennen, ob Hexe oder nicht! –, dann kannst du Anis während eines Zaubers verwenden.

Baldrian
Beruhigt und entspannt fast alle Lebewesen – außer deinen Kater. Denn Baldrian hat bei Katzen den gegenteiligen Effekt, er regt sie auf! Wenn du also nervös bist und nicht zur Ruhe kommst, wende Baldrian an – am besten als Tee.

Basilikum
Gibt Mut, schwierige Entscheidungen anzugehen. Basilikum gibt es mittlerweile in allen Supermärkten als frisches Kraut im Topf. Du kannst ihn ganz einfach unter deinen Salat mischen.

Bohnenkraut
Macht den Geist fit. Wenn du Situationen entgegensiehst, bei denen du mental schnell reagieren musst, z. B. bei Prüfungen oder Vorstellungsgesprächen für einen Job, dann kannst du getrocknetes Bohnenkraut in deiner Räucherschale während des

Meine wichtigsten Heilkräuter

Zaubers (z.B. Mut machen) langsam verbrennen lassen. Bohnen-kraut ist uns Hexen übrigens schon seit dem Mittelalter bekannt – wie die meisten aller Heilkräuter. Es gibt es auch schon fertig als Pulver, das du unter dein Essen mischen kannst oder auch ganz frisch.

Brennnesselblätter
Sehr gut bei allen Liebeszaubern! Brennnessel findet man überall in der Natur, es ist ein sehr widerstandsfähiges Kraut. Es wird des-halb von Hobbygärtnern fälschlicherweise als Unkraut bezeichnet. Du kannst sie ganz einfach einsammeln – vorsicht, nur mit Hand-schuhen – und zu Hause in der Sonne trocknen. Danach verbrennst du sie während des Rituals in der Räucherschale.

Cumin
Gibt dir Stärke für schwierige Situationen. Cumin ist uns heute vor allem als asiatisches Gewürz bekannt. Hexen kennen es aber schon seit dem Mittelalter.

Dill
Hilft bei Entscheidungen. Wenn du unentschlossen bist und dich einfach nicht entscheiden kannst, was du willst, dann mische dir einfach Dill in deine Speisen. Einfach, aber effektiv!

Estragon
Gibt Mut. Ein Kraut mit einer starken Wirkung, das du ganz einfach in der Räucherschale verwenden kannst.

Fenchel
Wirkt gegen Einsamkeit. Wenn du dich unsicher und alleine fühlst, trinke Fenchelkraut als Tee und du wirst dich ausgeglichener und deiner selbst sicherer fühlen. Versuche dieses Kraut doch auch einmal bei einer Freundin, wenn sie unglücklich ist oder gerade von ihrem Freund verlassen wurde. Hilft bestimmt, sie zu trösten!

Hopfen
Gibt Ruhe und Entspannung. Wenn du Hopfen in deiner Räucher-schale verwendest, kommst du zu einer ruhigeren Sicht eines ver-zwickten Problems und siehst klarer.

Ingwer
Macht sanft und nachgiebig. Ein Kraut also, das du bei anderen anwenden kannst, in Speisen zum Beispiel. Vorsicht: Bei allen Kräutern, die du bei anderen ohne ihr Wissen anwendest, musst du vorsichtig sein, denn du könntest gegen ihren Willen handeln. Und damit schadest du ihnen! Also, sei dir vorher sicher, dass der so „Behandelte" auch wirklich damit einverstanden ist – und sei es nur, dass Ingwer-Hähnchen seine Lieblingsspeise ist!

Jasmin
Löst schwere, traurige Gedanken. Ein wichtiges Kraut für alle Vergessens- und Bewältigungszauber, ob frisch oder getrocknet als Tee.

Johanniskraut
Gleicht aus und macht fröhlich. Wenn du ein wenig Optimismus brauchst, um eine Situation mit deiner positiven Energie von vornherein zu beeinflussen, dann verbrenne es in deiner Räucherschale während des Rituals.

Kamille
Beruhigt und konzentriert den Blick auf das Wesentliche. Es hilft, verwirrende Dinge zu entwirren und damit besser zu verstehen. Du kennst die Kamille sicher als Tee, kannst sie aber genauso gut getrocknet in der Räucherschale verwenden.

Knoblauch
Vertreibt negative Energien und böse Gedanken. Wenn du dich nicht von schlechten Erlebnissen lösen kannst und deine Gedanken immer wieder um dieselbe Sache kreisen, dann iss Knoblauch und du wirst dich viel leichter wieder positiven Dingen zuwenden können.

Lorbeer
Gibt Mut. In der Räucherschale ist er wirksam. Mein Tipp: Lege getrocknete Lorbeerblätter während deiner Zeremonien auf deinen Altar, denn gerade zu Beginn deiner Hexenlaufbahn benötigst du für alle neuen Schritte viel Mut.

Meine wichtigsten Heilkräuter

Majoran

Macht gute Laune, ist also für alle Fröhlichkeitszauber sehr geeignet. Wir wenden es daher mit anderen Kräutern auch bei Einsamkeitszaubern an, denn ohne ein fröhliches Gemüt wird wohl kaum einer aus seiner stillen Ecke finden. Majoran wird in unserer Küche immer mehr als Allerweltsgewürz genutzt, und dies ist ja auch nicht schlecht, wenn man seine besondere Wirkung bedenkt.

Muskatnuss

Hilft über den Schmerz nach einer Trennung hinweg. Gibt es als fertiges Pulver oder als ganze Nuss. Mein Tipp: Die Nuss während deines Rituals auf deinen Altar legen.

Petersilie

Löst Blockaden. Bist du gestresst und verspannt und kannst deinen Gefühlen keinen freien Lauf lassen, dann wende ganz einfach Petersilie an, frisch oder getrocknet.

Pfefferminze

Gibt Energie. Gibt es getrocknet in der Apotheke oder als Öl, das du auf deinen Duftstein geben kannst. Mein Tipp: Beim Morgenmuffel-Zauber einmal ausprobieren.

Rose

Ist natürlich die mächtigste Pflanze, wenn es um Liebeszauber geht. Am besten verwendest du frische Rosenblätter, denn die Rose verliert in getrocknetem Zustand von ihrer Kraft. Lege einfach ein paar Rosenblätter während des Liebeszaubers auf deinen Altar. Je mehr Blätter du verwendest, desto stärker wird der Zauber.

Rosmarin

Baut Schutz gegen alle schlechten Gefühle, Neid und Hass auf. Rosmarin gibt es auch als Öl, das du auf deinen Duftstein träufeln kannst.

Salbei

Reinigt dich von schlechten Erinnerungen und hartnäckigen negativen Energien, damit du dich beruhigt neuen Aufgaben widmen kannst. Salbei gibt darüber hinaus Geduld, um bei der ersten Schwierigkeit nicht direkt aufzugeben, sondern am Ball zu bleiben.

Salbeiblätter kannst du frisch in deinem Essen oder getrocknet in der Räucherschale verwenden.

Thymian

Hilft bei allen Erfolgszaubern. Wenn du eine klare Zielvorstellung vor Augen und alles gut vorbereitet hast, um auch zu diesem Ziel zu gelangen, dann hilft ein Zauber mit Thymian, deine Kraft und Energie zu stärken. Verbrenne während deines Zaubers einfach ein wenig getrockneten Thymian in deiner Räucherschale. Thymian verstärkt darüber hinaus alle anderen Zauber, wenn du einige Zweige während der Zeremonie an alle vier Ecken deines Altars legst.

Vanille

Entspannt bei Stress und Ärger und hilft gegen Einsamkeitsgefühle. Du nimmst dazu eine Vanilleschote, kratzt sie aus und trocknest den Inhalt, um ihn dann in deiner Räucherschale zu verbrennen. Es gibt aber heute auch überall Vanilleöl zu kaufen, das du auf einem Duftstein verwenden kannst. Bitte nicht zu Vanille-Aroma oder -Konzentrat greifen, denn die sind meistens chemisch hergestellt und haben von der Heilkraft der echten Vanille nichts in sich!

Vergissmeinnicht

Wie der Name schon sagt: Hilft, dass andere dich in Erinnerung behalten, wenn du für einige Zeit fortgehen musst. Vergissmeinnicht ist eine Blume, die du bei fast jedem Floristen bekommst. Du verwendest für deinen Zauber nur die Blütenblätter, ob frisch oder getrocknet.

Wacholder

Motiviert! Fehlt dir die nötige Energie, deine Ziele umzusetzen, dann greife zu Wacholderbeeren. Um sie in deiner Räucherschale zu nutzen, musst du sie erst im Mörser mit dem Stößel zermahlen.

Weihrauch

Ist eigentlich kein Kraut, sondern das getrocknete Harz des Weihrauchbaums. Weihrauch hilft bei allen Reinigungszaubern und im Kampf gegen negative Energien. Weihrauch ist teuer, aber zu Beginn kannst du ruhig mit einem sehr günstigen Produkt arbeiten; das schwächt den Zauber keinesfalls. Es gibt auch Weihrauchöl im Handel, das du auf deinen Duftstein träufeln kannst.

Wermut
Macht Mut und ist deshalb bei allen Energiezaubern zu verwenden, um die Kraft deines Spruches noch zu verstärken. Es gibt ihn getrocknet in der Apotheke für deine Räucherschale oder als Öl für deinen Duftstein.

Zimt
Klärt den Blick. Bedenke, bei wie vielen Zaubern dir ein guter Durchblick von Nutzen sein kann! Ich empfehle Zimt bei allen Liebes- und Trennungszaubern. Sowohl am Anfang, als auch am Ende einer Beziehung sollte man genau wissen, worauf man sich einlässt. Am besten verwendest du Zimt als Öl.

Dies sind die Kräuter, deren Kenntnis ich für unumgänglich halte. Es gibt darüber hinaus viele andere, deren spezifische Wirkung dir bei deinen Zaubern sehr behilflich sein kann. Du solltest dich weiterhin dafür interessieren und Bücher wälzen. Denn gerade die Lehre von den Kräutern ist typisches Hexenwissen!

So bewahrst du deine Kräuter auf

Frische Kräuter
Frische Kräuter bleiben nicht lange frisch. Und wie die Pflanze verdorrt, verdorrt auch ihre Energie und Heilkraft. Wenn du ein Ritual oder einen Zauber planst, dann überlege dir vorher, ob du frische Pflanzen dazu benötigst, denn du solltest sie erst kurz vorher kaufen. Ein Tipp: Suche dir Kräuter im Topf aus, dann kannst du sie noch einige Zeit gießen und pflegen, damit sie sich länger halten. Wenn du deine Kräuter selber ziehst, hast du dieses Problem nicht, denn alles, was du brauchst, ist griffbereit!

Getrocknete Kräuter
Getrocknete Kräuter musst du trocken und dunkel lagern, dann halten sie sehr lange. Ein Einmachglas, das du dann in einen Schrank stellst, oder eine Metalldose sind ideal. Sehr gut ist ein Teebehälter, denn bei Tee handelt es sich ja auch um nichts anderes als um getrocknete Kräuter. Achte aber darauf, dass andere Familienmitglieder deine Behälter nicht verwechseln können und den Inhalt irrtümlich für etwas anderes halten, z.B. Tee!

So stellst du deine Kräuteröle her

Öle sind gute Träger der Energie von Kräutern und werden von uns sehr vielseitig verwendet. Du kannst z. B. in dein reinigendes Bad vor einem Ritual einige Tropfen eines Kräuteröls geben, das auf den kommenden Zauber abgestimmt ist. Du kannst sie auch unter Speisen mischen, um so die Wirkung der Kräuter innerlich zu fühlen.
Kräuteröle sind keine ätherischen Öle, die langsam während der Zauber verdunsten.

Warte den nächsten Vollmond ab, denn das Öl soll die Kraft des Mondes speichern.

Du benötigst:

- Ein Kraut, z. B. Estragon.
- Ein Speiseöl, z.B Oliven- oder Distelöl.

Das Kraut legst du im Licht des Vollmondes aus. Am nächsten Morgen gibst du das Kraut in die Ölflasche und verschließt diese wieder luftdicht. Du lässt dieses Öl nun drei Wochen an einem dunklen und kühlen Ort ziehen, z.B. im Keller. Der Kühlschrank wäre für ein Öl zu kalt, das Sonnenlicht zu heiß. Nach drei Wochen kannst du das Öl zu deinen Zwecken nutzen.

Mein Tipp: Folgende Kräuter und Gewürze musst du nach drei Wochen Lagerung wieder aus der Ölflasche nehmen: Ingwer, Zimt, Kamille und Muskatnuss.

Ob dein Öl tatsächlich mit allen Kräutern genießbar ist, musst du selbst entscheiden. Wichtig ist, dass du es während der Zeremonien verwenden kannst.

So stellst du deinen eigenen Weihrauch her

- Zwei Esslöffel pulverisierter Weihrauch.
- Evtl. ein Esslöffel pulverisierte Schwertlilienwurzel.
- Ein Teelöffel pulverisierte Gewürznelken.
- Ein Teelöffel Zitronenöl.

Erst vermischst du Weihrauch, nach Geschmack Schwertlilienwurzel und Gewürznelken. Dann rührst du das Zitronenöl unter. Diese Mischung musst du luftdicht verschließen. Dann musst du drei Monate Geduld haben, bevor du den Weihrauch verbrennen kannst.

Du kannst den Weihrauch in einem Heilungsritual verwenden, indem du ihn während der Zeremonie auf dem Altar als Räucherwerk verbrennst.

Meine Energie wird dich immer auf deinem Weg begleiten.

Deine Maja Sonderbergh

Die Deutsche Bibliothek - CIP-Einheitsaufnahme
Sonderbergh, Maja:
Das Buch der Schatten / gesammelt und niedergeschrieben
von Maja Sonderbergh.-
Köln: vgs, 2001
ISBN 3-8025-2850-6

1. Auflage 2001
© Egmont vgs verlagsgesellschaft, Köln 2001
Alle Rechte vorbehalten
© des ProSieben-Titel-Logos mit freundlicher Genehmigung der
ProSieben Televisions-GmbH

Produktion: Angelika Rekowski
Umschlaggestaltung: Sens, Köln
Layout und Satz: so.wie?so!, Köln / Karen Kühne, Köln
Druck: Druck- und Verlagshaus Erfurt
Printed in Germany
ISBN 3-8025-2850-6

Besuchen Sie unsere Homepage: www.vgs.de

Karin Schramm
Zauberhafte Hexensprüche

Liebe, Glück und Freundschaft

112 Seiten | ISBN 3-8025-2733-X
vgs verlagsgesellschaft, Köln

Liebeskummer? Stress mit Freunden, Eltern oder Lehrern? Alles geht schief, und man kann nichts dagegen machen! Oder etwa doch? Nun, wer daran glaubt, kann es mit Magie und Zauber versuchen. Dieses Buch enthält praktische Tipps, wie man mit kleinen „Hexereien" seinem Glück auf die Sprünge helfen kann, sei es in der Liebe, in Schule und Beruf oder in Bezug auf Gesundheit und Wohlbefinden.

www.vgs.de